国家自然科学基金青年项目（71902181）研究成果

"十二五"辽宁省重点图书出版规划项目

U0674905

# 第**17**辑

## 三友会计论丛
### SUNYO ACADEMIC SERIES IN ACCOUNTING

How to Encourage Employees to
Blow the Whistle

# 如何鼓励员工成为
# "吹哨人"

高靖宇 著

东北财经大学出版社
Dongbei University of Finance & Economics Press

大连

**图书在版编目（CIP）数据**

如何鼓励员工成为"吹哨人" / 高靖宇著. —大连：东北财
经大学出版社，2019.11
（三友会计论丛·第17辑）
ISBN 978-7-5654-3703-8

Ⅰ．如…　Ⅱ．高…　Ⅲ．企业–廉政建设–研究–美国
Ⅳ．F279.712.3

中国版本图书馆 CIP 数据核字（2019）第 245575 号

东北财经大学出版社出版

（大连市黑石礁尖山街217号　邮政编码　116025）
网　　址：http：//www.dufep.cn
读者信箱：dufep@dufe.edu.cn

大连永盛印业有限公司印刷　　东北财经大学出版社发行
幅面尺寸：170mm×240mm　字数：94千字　印张：6.5　插页：1
2019年11月第1版　　　　　2019年11月第1次印刷
责任编辑：王　莹　周　晗　郭海雷　　责任校对：王　莹
封面设计：冀贵收　　　　　　　　　　版式设计：钟福建

定价：38.00元

教学支持　售后服务　　联系电话：（0411）84710309
版权所有　侵权必究　　举报电话：（0411）84710523
如有印装质量问题，请联系营销部：（0411）84710711

**出版者的话**

随着我国以社会主义市场经济体制为取向的会计改革与发展的不断深入，会计基础理论研究的薄弱和滞后已经产生了越来越明显的"瓶颈"效应。这对于广大会计研究人员而言，既是严峻的挑战，又是难得的机遇。说它是"挑战"，主要是强调相关理论研究的紧迫性和艰巨性，因为许多实践问题急需相应的理论指导，而这些实践和理论在我国又都是新生的，没有现成的经验和理论可资借鉴；说它是"机遇"，主要是强调在经济体制转轨的特定时期，往往最有可能出现"百花齐放，百家争鸣"的昌明景象，步入"名家辈出，名作纷呈"的理论研究繁荣期和活跃期。

迎接"挑战"，抓住"机遇"，是每一个中国会计改革与发展的参与者和支持者义不容辞的责任。为此，我们与中国会计学会财务成本分会、东北财经大学会计学院联合创办了一个非营利的学术研究机构——三友会计研究所，力求实现学术团体、教学单位、出版机构三方的优势互补，密切联系老、中、青三代会计工作者，发挥理论界、实务界、教育界的积极性，致力于会计、财务、审计三个领域的科学研究和专业服务，以期为我国的会计改革与发展做出应有的贡献。

三友会计研究所的重大行动之一就是设立了"三友会计著作基金"，用于资助出版"三友会计论丛"。它旨在荟萃名人力作及新人佳作，传播会计、财务、审计研究与实践的最新成果与动态。"三友会计论丛"于1996年推出第一批著作；自1997年起，本论丛定期遴选并分辑推出。

采取这种多方联合、协同运作的方法，如此大规模地遴选、出版会计著作，在国内尚属首次，其艰难程度不言而喻。为此，我们殷切地希望广大会计界同仁给予热情支持和扶助，无论作为作者、读者，还是作为评论者、建议者，您的付出都将激励我们把"三友会计论丛"的出版工作坚持下去，越做越好！

东北财经大学出版社

# 三友会计论丛编审委员会

公司舞弊问题一直是投资者和债权人关注的焦点，也是理论界的热点问题之一，这是因为舞弊问题不但给投资者带来了巨大的风险，破坏了证券市场的公平和秩序，而且给整个社会经济环境都带来了严重的负面影响。从理论上来说，审计机关、证券监管机构应该是传统会计舞弊的揭发者，然而事实证明它们并没有构成会计舞弊揭发的主体，而诸如企业内部员工、媒体等非传统舞弊揭发者却占了相当大的比例，其对发现舞弊行为的相对重要性已在国内外多项研究中得到证实。

针对舞弊行为进行举报被称为"吹哨"，实施举报的员工为"吹哨人"。以往的案例突出展现了员工在检举舞弊行为中的重要性，具体来说，有一半以上的员工亲身经历过职场舞弊行为，且通过员工检举这一途径成功发现舞弊行为的案例数目占所有舞弊总案例数的一半以上。出现这种现象的主要原因如下：企业的舞弊行为尤其是与财务会计相关的舞弊行为往往都经舞弊行为人处心积虑、周密计划，因而很有可能绕过法务合规和内控监督的把关，但是往往瞒不过身边的同事，很多舞弊行为的实施要么需要同事配合，要么会让同事发现蛛丝马迹，很难做到密不透风。因此，企业内部员工这类舞弊揭发者的举报动机和举报决策机制成为学者们研究的热点，如何鼓励企业员工成为负责任的"吹哨人"也是现代企业管理实践中的难题。

本书以此作为研究视角，以美国样本为研究对象探讨如何鼓励企业内部员工进行检举和揭发，聚焦于企业内部员工举报公司舞弊的影响因素和作用机制，以期为监管机关制定相关法规提供理论依据，也为企业管理者改善内控制度提供建议。

本书主要从行为会计的视角来解决员工举报意愿的影响因素问题。行为会计是会计学与社会学的交叉学科，主要关注的研究问题包括"会计行为主体是如何开展会计行为的"、"会计的行为动机和行为目的是什么"、"什么是科学的会计行为"、"如何才能客观反映企业的受托责任"以及"如何才能更好地满足信息使用者的决策需要"。行为实验的优势在于可以清晰地进行因果效应检验，明确分析因果链条及干预因素。在本书中，作者共组织实验对象 529 人分别进行了两组行为实验，以检验相关假设。通过行为实验法和理论梳理相结合的研究方法，提高了研究结果的有效性和结论的可靠性，有助于读者更加全面、深入地了解影响员工举报意愿的相关因素，为企业管理者进一步完善舞弊举报机制、构建组织环境、开展员工培训等提供启示，为监管层建立和完善舞弊举报、内控制度提供相关的依据。

本书的研究结论主要包括两项：第一，作者改进和扩展了前人提出的理论模型，在结合相关文献的基础上构建了一个较为全面的多维度模型，旨在解释哪些因素会影响个人对于舞弊行为的举报意愿。针对影响因素的讨论，本模型分为三个方面，即事件和环境（Task and Environment）、道德伦理（Ethics）和认知（Perception）。第二，两组行为实验的结果表明，企业内部举报渠道的设立、舞弊发生时的旁观者、舞弊者和举报者的权力差距以及企业相关的制度架构都会单一地或者交互地影响企业内部普通员工的举报意愿，即普通员工在决定是否要成为"吹哨人"时会进行复杂深入的思考，很多组织环境和事件因素都会影响其判断。

最后需要说明的是，本书的具体研究对象虽然以美国背景和美国样本为主，但是"他山之石，可以攻玉"，其研究结果仍然具有较高的学术价值和实践指导意义。

**作 者**

2019 年 9 月

# 目录

2

## ▶ 第 1 章 ◀

# 绪 论

**1.1** ——————————— 引 言 ———————————

自1720年英国第一例上市公司会计舞弊案"南海公司"事件发生以来，公司舞弊问题就成为投资人和债权人关注的焦点，也是理论界的热点问题之一。因为舞弊问题不仅给投资者带来了巨大的风险，破坏了证券市场的公平和秩序，是资本市场的顽疾，而且给整个社会经济环境都带来严重的负面影响。近年来，美国就曝出了安然公司、世通公司等一系列造假丑闻；在中国的上市公司中也发生了如琼民源、银广夏、科龙电器、天津磁卡以及近年的参仙源、万福生科等一系列财务会计舞弊案件，严重妨碍了资本市场的健康发展，给相关利益群体也造成了严重危害。

从理论上来说，审计、证券监管机构应该是传统会计舞弊的揭发者，然而事实证明它们并没有构成会计舞弊揭发的主体，而诸如企业内部员工、媒体等非传统舞弊揭发者却占了相当大的比例，其对发现舞弊行为的相对重要性已在国内外多项研究中得到证实。例如，2008年由美国注册舞弊审查师协会（Association of Certified Fraud Examiners，ACFE）提交的职业舞弊和滥用报告中就指出46.2%的舞弊行为首先是通过企业内部员工举报发现的，而通过内部审计发现的占比为19.4%，通过内部控制发现的占比也只有23.3%。类似地，根据ACFE（2016）的报告，迄今为止企业内部员工举报始终是发现舞弊行为最为常见的方法；另外，该报告还指出在所有研究案例中，通过员工举报发现的舞弊案例比其他任何方法都要多出两倍以上。

针对舞弊行为进行举报可以被称为"吹哨人行为"（Whistleblowing），实施举报的员工为"吹哨人"（Whistleblower）。以往的实证案例也强调了员工在检举舞弊行为中的重要性和作用，具体来说，有一半以上的员工都亲身经历过职场舞弊行为（Dyck et al., 2010; Moberly, 2006; Slovin, 2006），通过员工检举成功发现舞弊行为的案例数目占所有成功发现舞弊行为的总案例数的一半以上。出现这种现象的主要原因如下：企业的舞弊行为尤其是与财务会计相关的舞弊行为往往都经舞弊行为人处心积虑、周密计划，很有可能绕过法务合规和内控监督的把关，但往往瞒不过身边的同事；很多舞弊行为的完成要么需要同事配合，要么会给同事留下蛛丝马迹，很难做到密不透风。

因此，企业内部员工这一类非传统舞弊揭发者的举报机制和举报动机成为学者们研究的热点，如何鼓励企业员工成为负责任的"吹哨人"也是现代企业管理实践中的难题。本书以此作为研究视角，聚焦于企业内部员工举报公司舞弊的影响因素和揭发机制，以美国样本为研究对象探讨如何鼓励企业内部员工进行检举和揭发，并检验哪些因素会影响企业内部员工的类似行为，以期为监管机关制定相关法规提供理论依据，也为企业管理者改善内控制度提供建议。

本书在总结归纳影响员工举报舞弊行为的各个因素和理论模型的基础上，进一步创新性地采用行为实验的研究方法，检验相关因素如何影响企业内部员工检举揭发舞弊行为，并结合心理学、社会学等多方面理论深入分析各个因素的影响机制。本书的具体研究对象虽然是以美国背景和美国样本为主，但是"他山之石，可以攻玉"，其结果仍然具有较高的学术和实践指导意义。本章将介绍研究背景、研究问题，总结主要研究结论和研究贡献，最后介绍本书的结构安排。

## 1.2　————————————————————研究背景————————————

　　安然公司的会计丑闻案在震惊世界的同时，也推动了美国对上市公司治理和监管方式的改革，当今企业内部控制管理的相关制度都来源于对那场丑闻的深刻反思。《时代》（Time）杂志每年都会将他们认为当年最有影响力的人评选为"年度人物"，2002 年的"年度人物"是三名女性，更重要的是她们都是一些大型机构内部丑闻的"吹哨人"，例如，安然公司的 Sherron Watkins、联邦调查局的 Coleen Rowley 和世通公司的 Cynthia Cooper，因此，2002 年也被《时代》杂志命名为吹哨人之年（Year of Whistleblower）。Whistleblower 的原意是吹口哨的人，现特指举报舞弊问题的人。在安然、世通和施乐等公司的许多丑闻被公开之后，美国联邦政府通过了两个专项法案用于鼓励民众举报舞弊行为：第一个是《萨班斯-奥克斯利法案》（Sarbanes-Oxley Act，2002，简称 SOX 法案），其中包含有反报复条款（第 806 条）；第二个是《多德-弗兰克法案》（Dodd-Frank Act，2010），该法案引入了奖励激励机制，并对 SOX 法案（2002）规定的反报复保护措施做了重大内容扩充，它鼓励任何人提供违反证券法规、侵害投资者利益的证据和线索。如果举报人向美国证券交易委员会提供了有用的线索并协助其完成执法行动，且罚款或者收缴的金额超过 100 万美元，则举报人就有可能获得一定数额的现金奖励。从立法意图上来看，前期的《萨班斯-奥克斯利法案》的重点是旨在保护举报人的权益不受到侵害，《多德-弗兰克法案》的重点则是为举报人提供金钱方面的激励。

　　从理论上来说，在相关的法律法规的大力推动下，企业员工举报舞弊行为的意愿应该有大幅度的提高，事实却不尽如人意。尽管内部员工举报比其他举报渠道更加有效，员工举报舞弊与其发现的舞弊行为相比仍然是较少的。虽然大多数舞弊行为出自高层管理人员或会计部门（ACFE，2008），但是组织内部的其他人也非常有可能对舞弊行为有所知悉。例如，Moberly（2006）就指出在安然公司等许多公司的财务造假行为中，"有无数的员工必然会了解一些情况，接触或多多少少参与过这种不当行为并对其进行隐瞒，但很少有人会向公司官员或公众揭露该舞弊行为"，显然相当多的接触到这种舞弊行为的员工都会保持沉默（Barnett et al.，1996；Berry，2004；Dworkin，2007；Dworkin and Brown，2013；Dyck et al.，2010；Erwin，2011；Somers，2001）。Mesmer-Magnus 和 Viswesvaran（2005）在他们的分析中发现，尤其是年轻员工和入门级员工对举报舞弊行为（特别是针对机构层次中那些资历较深的员工的不法行为）会感到不安并畏惧，究其原因主要是年轻员工或入门级员工没有足够的能力去揭发舞弊行为，在改变不了这一舞弊现象的同时，也非常有可能成为打击报复的对象。与前期研究结论（Near and Miceli，1996；Miceli et al.，1991）相一致的是，Mesmer-Magnus 和 Viswesvaran（2005）观察到有较长任期和较高职位水平的员工进行揭发检举的可能性更大。

随着《萨班斯-奥克斯利法案》和《多德-弗兰克法案》的颁布，反报复法规条例得以广泛实施，秘密举报渠道更为畅通，这一举措的目的在于减小举报人的举报代价。尽管如此，仍有人担心这些新的立法、政策和规程会不足以激励员工去举报不法行为。例如，Dyck et al.（2010）指出，在 SOX 法案颁布后的一段时间里，员工举报舞弊行为的动机并没有得到提升。先前对欧洲跨国公司的一项调查发现，由于员工了解的举报舞弊行为的流程与真正的流程相脱节，员工不愿意进行举报（Ernst and Young，2007），这一发现与 Somers（2001）先前的一项研究结果相符，即公司的道德规范①对员工是否决定举报其在组织中发现的不道德活动没有任何重大影响。

综上所述，现实的情况和理论差别比较大，具体表现在有很大比例的员工在发现舞弊行为的情况下仍然选择沉默；另外，企业所颁布的行为规范也没有起到应有的作用。因此，如何解释员工举报意愿低的问题，并且进一步化解这种困境就成了一个有意义、值得研究的问题，即企业广大的内部员工在做是否举报舞弊的决策的时候都会考虑哪些因素。为了回答以上问题，本书进行了两次行为实验调查，以期对企业内部控制的建立、相关培训的展开和监管机构建立健全相关制度法规提供建议。

---

① "道德规范"和"行为准则"这两个术语可以互换使用。

## 1.3 ——————————— 研究内容 ———————————

从理论上来讲，企业普通员工在发现舞弊行为时会考虑很多因素，诸如舞弊事件的严重程度、自己是否承担举报的责任以及举报后的个人成本问题。基于现有文献，作者试图进一步归纳总结在企业内部影响员工尤其是普通员工举报舞弊行为的理论模型，并研究相关因素对其行为的影响机制，具体研究问题如下。

### 1.3.1　影响员工举报行为的理论模型（Theoretical Model）

Schultz et al.（1993）模型是研究个人举报行为的经典模型之一，其中主要包括三个变量，即舞弊行为的严重程度、个人责任的认知和个人举报代价认知。其中，舞弊行为的严重程度和个人责任的认知都会正向影响潜在举报人的举报意愿，然而，个人举报代价的认知则会负向影响举报人的举报意愿。另外一个有关举报决策的模型来自于 Reidenbach and Robin（1988，1990），模型的提出者指出，针对个人对道德商业问题的决策检验需要从多个维度来考虑，因此这个多维伦理量表包含了伦理决策的三个维度，即道德公平维度、相对论维度和契约主义维度。每个独立个人在这三个维度上的得分会正向影响其在面临舞弊行为时的举报意愿，即得分越高，举报意愿也会越高。这两个模型的使用和有效预测程度究竟是怎么样的，或者是否可以进一步整合决策模型，是个值得探讨和研究的问题。

### 1.3.2　举报渠道（Reporting Channel）如何影响员工举报舞弊行为

由第三方管理的举报渠道可能会对匿名举报提供更好的程序保障，并避免不当行为的发生（ACFE，2005；The Network，2006）。因此，从理论上来讲，与内部管理的举报渠道相比，由第三方管理的举报渠道应该能够增加企业员工的举报行为，然而以往的研究结果却恰恰相反。Kaplan et al.（2009）的一项研究意外地发现，与外部管理者相比，举报渠道由企业内部审计部门管理的时候，员工的举报意愿会更强；Kaplan et al. 推断，他们的意外发现可能是归因于高层管理人员担心公司声誉问题而优先选择不向外界披露舞弊行为。众所周知，普通员工与高层管理人员相比，在权力范围、工作职能和忠诚度方面都有很大差别，普通员工在一定程度上没有高层管理人员那样的观点和动机，他们可能不怎么关心公司的声誉，而是更多地担心举报的成本，即担心遭到打击报复，所以他们可能更重视举报渠道的匿名性和保密性。那么，针对内部管理和外部管理两种不同类型的举报渠道时，普通员工会怎样选择呢？他们的举报意愿是否会因为举报渠道设置的不同而受影响呢？以往的研究还没有针对此问题做出明确答复。综上，举报渠道的不同管理模式是否会在员工群体中产生不同的影响是个值得探究和讨论的问题。

### 1.3.3　旁观者效应（Bystander Effect）如何影响员工举报舞弊行为

Latané and Darley（1968）提出的旁观者效应是心理学领域的一个经典问题，主要指的是在危险紧急的情况下，在场的潜在施救人数越多，个体做出施救行为的可能性越小，即他人在场可能会抑制个体的利他行为，进而产生"集体冷漠"的现象。旁观者效应的作用机制来自于三个方面：社会影响、责任分散和评价顾虑，且社会影响与旁观者的利他行为是正向关系、责任分散与利他行为是负向关系、评价顾虑与利他行为的关系是双向的。在发现财务舞弊的情境下，多个知情人的存在是否会显著影响员工的举报意愿呢？这个问题在以往的研究中还鲜少涉及，因此，本书将对其进行旁观者效应是否存在的讨论，并且进一步研究其作用的机制。

### 1.3.4　权力差距（Power Distance）如何影响员工举报舞弊行为

早期已有研究表明，舞弊者的权力地位也会减少舞弊发现者的举报意愿，其原因主要体现在权力地位较高的人更有可能对举报者实施报复，舞弊行为更不可能被纠正或者惩罚（Cortina and Magley，2003；Lee et al.，2004；Rehg et al.，2008）；作为舞弊发现者，当高层员工做出不轨、违法、舞弊行为时，因为考虑到受到报复的可能性较大，权力地位属于弱势一方的，比如，组织内的员工对舞弊行为进行举报的意愿会更小。这种理论上的预测在普通员工中是否确实存在，并且是否有相关措施可以减少权力差距所带来的负面影响，仍然是个值得探究的问题。

### 1.3.5 行为正直性（Behavioral Integrity）如何影响员工举报舞弊行为

公司制度架构中的多个因素会决定公司行为准则有效性，其中非常重要的一个因素就是管理层的行为正直性，具体表现在员工对于与实际举报有关的管理层行为正直性的认知。根据Simons（2002）的理论，"行为正直性是对行为者言行一致的行为模式的感知，它既包括对所信奉的价值观与所施行的价值观之间是否契合的感知，也包括对能否坚守承诺的感知。"在当前情境下，组织的道德准则，例如，明确规定反报复条例、保证保护举报人的匿名性可被视为管理层的"言"，管理层在实际操作中如何对待举报行为和举报人是管理层的"行"。"言""行"一致程度越高，则行为正直性越高；反之亦然。

行为正直性已在理论上（Simons，2002）和经验研究上（Simons et al.，2007）被确立为组织研究中的重要焦点构筑。有研究发现，它会影响组织认同感（Kannan - Narasimhan and Lawrence，2012；Leroy et al.，2012a）、组织公民行为（Dineen et al.，2006；Simons et al.，2014）、组织犬儒主义（Kannan-Narasimhan and Lawrence，2012）、对规章制度中错误的谈论（Leroy et al.，2012b）、任务绩效（Leroyet al.，2012a；Palanski and Yammarino，2011；Simons et al.，2014）、信任度（Palanski et al.，2011；Simons et al.，2007；Simons et al.，2014）及工作投入度（Vogelgesang et al.，2013）。

鉴于目前已发表的研究中都没有对行为正直性在财务会计和道德伦理领域内的作用进行检测，具体来说，管理层的行为正直性在举报舞弊行为中的作用究竟是怎样的需要进一步探索，本书将尝试针对这个问题提供相关的证据。

## 1.4 ———————————— 主要研究结论 ————————————

本书的研究结论表明，举报渠道、旁观者效应、权力差距和公司制度架构都会单一地或者交互地影响企业内部普通员工的举报舞弊行为，即普通员工在决定是否要成为"吹哨人"时会进行复杂深入的思考，很多组织环境因素都会影响其判断，这些结论需要引起学术界和实务界的高度关注。

### 1.4.1 研究问题（一）的研究结论

针对研究问题（一），作者改进和扩展了 Schultz 等人提出的模型（1993）。Schultz et al.（1993）模型已被用于诸多研究中，包括 Ayes and Kaplan（2005）、Kaplan and Whitecotton（2001）。另外，作者结合 Reidenbach and Robin（1990）的多维度模型构建了一个较为全面的模型，旨在解释哪些因素会影响个人对于舞弊行为的举报意愿。针对影响因素的讨论，本模型分为三个方面，即事件和环境（Task and Environment）、道德伦理（Ethics）和认知（Perception）。其中，道德伦理因素又包含三个维度，道德公平维度、相对论维度和契约主义维度，三个维度与个人的举报意愿正向相关。认知主要包括 Schultz et al.（1993）模型中的三个方面，即个人责任感认知 （Perceived Responsibility）、对舞弊行为严重性的认知（Perceived Seriousness of the Fraud）和对个人代价的认知（Perceived Personal Cost）。其中，个人责任感认知来自于个人对组织的忠诚度及其认为什么是对的自身道德观和什么是错的自身道德观；对于舞弊行为严重性的认知是根据不良行为所导致损害或损失的数量或程度等信息推断出来的；对个人代价的认知主要源自机构内其他的可能性报复，主要包括管理层或同事对其的报复或打压。

### 1.4.2 研究问题（二）的研究结论

针对研究问题（二），作者主要将举报渠道分为由独立第三方管理的外部举报渠道和内部管理渠道，主要检验变量是当员工发现公司舞弊行为时的举报意愿。结合以往文献和理论，作者采用行为实验的研究方法，对举报渠道管理效应在员工中所具有的普遍性进行了检测，回应了 Kaplan et al.（2009）的意外发现，该实验结果证明了举报渠道管理对于普通员工的举报意愿有正向促进作用，即在举报渠道由外部管理时，员工有更高的举报意愿。

### 1.4.3　研究问题（三）的研究结论

针对研究问题（三），依据心理学和社会学理论，作者将旁观者效应分为两个层级：第一，是否存在旁观者效应，即有其他人同时发现舞弊行为，或者没有其他人同时发现舞弊行为；第二，在旁观者存在的情况下，是否知晓潜在举报人的存在，即有旁观者同时发现舞弊行为，旁观者知晓或者不知晓这名潜在举报人的存在。作者通过行为实验的方法发现以下结论：首先，与没有旁观者的情况相比，当有旁观者存在的情况下员工的举报意愿较低，因为他们认为自己不承担太多举报舞弊行为的责任，符合"责任分散"理论的预期；另外，在旁观者存在的情况下，旁观者是否知晓潜在举报人的存在也会影响举报人的举报意愿，其影响路径是影响潜在举报人评价顾虑的高低。

9

### 1.4.4　研究问题（四）的研究结论

针对研究问题（四），作者重点关注的是潜在举报人和舞弊行为人之间的权力差距（Power Distance），并分为两个层级来研究，即权力差距大和权力差距小。行为实验的方法证明，举报人与舞弊行为人的权力差距会负向影响员工的举报意愿，具体来说，权力差距大的情况下员工的举报意愿会降低，相反，权力差距小的情况下员工的举报意愿会有所提高。

### 1.4.5　研究问题（五）的研究结论

针对研究问题（五），作者重点关注了公司制度架构中的一个主要特征：管理层的行为正直性（Behavioral Integrity）。通过利用美国年轻人样本进行行为实验，作者力图确定管理层关于举报做法的行为正直性是否会对员工的举报意愿产生积极影响；如早期研究（Dineen et al.，2006）所述，作者发现行为正直性能够引导员工遵守规范、实施亲社会行为，实验结果还证明管理层的行为正直性确实能够通过积极地影响员工对于公司举报方面企业文化的认知，正向影响员工在发现舞弊行为时的举报意愿。

### 1.4.6 交互作用的研究结论

马克思主义认为世界万物是联系的、发展的，并且这种联系是客观的、多样的、普遍存在的。因此，针对"如何影响和鼓励员工在发现舞弊行为时积极举报""如何鼓励他们成为吹哨人"这两个兼具理论意义和实践意义的问题，作者从兼容和联系的视角将以上研究问题融合在一起检验和讨论，在发现主要结论的同时也发现了其内在的相关关系。通过行为实验1，作者发现了研究问题（二）、研究问题（三）中第一个层级和研究问题（四）的内在相互作用关系，为"举报渠道、旁观者效应和权力差距如何交互地影响员工举报意愿"这一问题提供了参考依据。具体来说，由外部管理的举报渠道可以对旁观者效应做出适度调节：当举报渠道由内部管理时，有其他旁观者在场时比没有其他旁观者在场时，潜在举报人的举报意愿明显降低；相反，当举报渠道由第三方外部管理时，举报意愿在两种情况下没有明显差异。另外，作者还发现当舞弊行为者是其主管人员而不是其同等级同事时，普通员工的举报意愿明显降低；即使使用外部管理的举报渠道，这种影响也没有得到明显减弱。

类似地，作者通过行为实验2进一步回答了"旁观者效应、举报渠道和行为正直性是否也会交互地影响员工的举报意愿"这一问题，结果发现，当管理层的行为正直性较高（较低）时，如果举报渠道是由内部管理的，那么举报的可能性要明显比由外部管理时高（低）；针对举报渠道和行为正直性对举报意愿的共同影响所做的补充分析证明了"举报人针对匿名性感知"的中介作用。另外，如果行为正直性较高（低），当有旁观者知晓潜在举报人了解舞弊行为时，与旁观者不知晓的情况相比，潜在举报人对舞弊行为进行举报的可能性较大（较小）；进一步的补充分析表明，"评价顾虑"对旁观者知晓和行为正直性对员工举报意愿的共同影响有中介作用。

## 1.5 ———————————— 本书的贡献 ————————————

本书的研究贡献主要体现在以下两个方面：

第一，本书结合心理学和组织行为学等多学科理论，在多个方面进一步拓展了有关舞弊举报和商业伦理道德的相关文献。

首先，两组行为实验研究所提供的证据丰富了举报渠道在不同人群中所起到的不同影响作用。结果表明，由外部专业机构所管理的举报渠道可能比由内部管理的举报渠道更有效，它可以促进员工的举报意愿和行为；因此，该研究结果对 Kaplan et al.（2009）的研究进行了补充，因为 Kaplan et al.（2009）发现，如果实验参与者所代表的是管理者的角色，那么结果会相反，即管理者们更愿意使用由企业内部管理的举报渠道进行举报。这两项研究结果共同提供了与预期一致的证据，具体来说，普通员工受到职位和权限的影响，不会像高层管理人员那样过于关注舞弊事件向外界披露的后果。

其次，本书补充了与组织因素重要性和舞弊举报相关的文献。以往文献（Cooper et al.，2013；Davis and Pesch，2013；Gabbioneta et al.，2013；Shafer，2008）从不同方面探讨了舞弊举报的话题，其中一部分关注了与情境变量（Gao et al.，2015；Kaplan et al.，2009，2012；Sims and Keenan，1998；Wainberg and Perreault，2016）和组织变量（Berry，2004；Mesmer-Magnus and Viswesvaran，2005；Near and Miceli，1996；Seifert et al.，2010）有关的舞弊资料文献；更重要的是，本研究在举报财务舞弊领域引入了行为正直性的概念并提供了初步证据，表明行为正直性在举报情境下的重要性及其对举报渠道管理和旁观者知晓度对举报意愿所产生影响的调节作用。

再次，本书的研究成果全面系统地研究了心理学中的一个经典概念，即旁观者效应。在行为实验1中证实了旁观者效应的存在，发现旁观者效应会对举报意愿产生负面影响，路径分析的结果提供了与责任分散理论一致的证据，即旁观者的存在增加了责任分散，进而降低了举报人的举报意愿。虽然这与Robinson et al.（2012）的研究结果是相反的，作者分析认为其合理解释是可能归因于当前研究与其他研究之间存在着设计、参与者和数据收集过程等方面的差异。行为实验2则进一步提供了旁观者知晓度和评价顾虑方面的结果，补充检验了旁观者效应的另一条作用机制，即评价顾虑。与其他两条作用路径（社会作用和责任分散）相比，这一条作用路径在以往研究中鲜少涉及，因此本书在影响机制方面做了相应的拓展。另外，作者还发现旁观者的负面影响可通过使用由外部管理的举报渠道来调节，这又为证明内部管理举报渠道与外部管理举报渠道在促进举报工作效力方面存在差异提供了相关证据。

最后，本书在举报舞弊领域首先引入了管理层行为正直性的概念。就举报行为而言，本研究表明，管理层在对待举报行为时所表现出的行为正直性对举报人是否会举报舞弊行为有着非常重要的影响。研究结果表明，较高的行为正直性可以克服内部管理举报渠道对举报人匿名保护认知度较低的影响；补充的中介调节作用分析也提供了与此结论一致的证据。一般情况下，人们普遍认为公司通常更愿意让员工通过内部举报渠道来揭发舞弊行为，而不是通过外部举报渠道来揭发（Berry，2004；Brink et al.，2013；Davidson and Worrell，1988；Laczniak and Murphy，1991），因此，明确行为正直性对于员工亲社会行为的影响是很重要的。本书还表明，管理层的行为正直性对举报者有关公司氛围和企业文化的解读起到很重要的作用，并且会间接影响潜在举报者的评价顾虑。具体来说，较高的行为正直性会向员工表明，举报舞弊行为是符合规范标准的、是公司所期望的，这对有旁观者知晓潜在举报人存在的情况下，潜在举报人是否保留其举报意愿或者努力成为组织的“吹哨人”有着尤为重要的影响。

第二，作者创新性地采用行为实验的方法研究相关因素对普通员工举报舞弊意愿的影响，发现了因果关系清晰的影响机制，为实务操作者如公司管理者、监管机构提供了借鉴证据。

作者在通过梳理理论和以往文献构建影响因素的理论模型的同时，组织实验对象529人分别进行了两组行为实验。通过行为实验法和理论梳理相结合的方法，提高了研究的有效性和结论的可靠性，有助于读者更加全面、深入地了解影响员工举报舞弊的相关因素，尤其是数量众多并且在业务操作一线的普通员工，为企业管理者进一步完善舞弊举报机制、构建组织环境、员工培训等提供启示，为监管层制定和完善舞弊举报、内控建设制度提供相关的依据。

## 1.6 本书的结构安排

本书有五章内容，具体安排如下：

第 1 章介绍研究背景，讨论研究问题、总结主要研究结论和本书贡献，最后介绍本书的结构安排。

第 2 章是文献回顾和模型构建。本章首先介绍员工举报舞弊行为的历史、相关法律法规的演进，然后分别回顾了关于五个研究问题的文献，即举报行为、举报渠道、旁观者效应、权力差距、行为正直性的相关文献。

第 3 章和第 4 章分别进行了行为实验 1 和行为实验 2，通过两个不同实验样本分别检验了"举报渠道、旁观者效应、权力差距对普通员工举报舞弊行为的意愿的影响""举报渠道、旁观者效应和行为正直性对普通员工举报舞弊行为的意愿的影响"。在第 3 章和第 4 章中，作者首先建立假设，接着介绍研究设计（包括样本选择、变量操纵和实验流程设计），然后讨论实验结果并剖析其中的影响机制，最后得出结论。

第 5 章总结结论和启示，指出本书的研究局限和未来的研究方向。

# 文献回顾和模型构建

## 2.1 —————————— 引　言 ——————————

　　自安然公司、联邦调查局、世界通信公司和其他组织的丑闻曝光以来，员工举报舞弊的行为受到了公众和学术界的广泛关注。以往的研究已经对个人举报行为的影响因素以及该现象的其他方面进行了充分的讨论和检验。本章在梳理以往文献和相关理论的过程中，作者首先讨论了发现财务会计舞弊行为时进行举报这一行为的特点和与以往研究不同的看法，然后分别讨论与四个研究问题相关的中外文献，主要包括：举报渠道、旁观者效应、权力差距和行为正直性。

## 2.2 —————————— 举报行为 ——————————

　　随着证券市场的出现和发展，上市公司会计舞弊问题就一直存在并愈演愈烈，如震惊世界的安然公司、世通公司、奥林巴斯等世界 500 强企业的会计舞弊案，以及国内的琼民源、银广夏、郑百文、科龙电器、天津磁卡、参仙源、万福生科的会计舞弊案。舞弊手段多种多样，包括少计成本、虚构业务、虚增收入、侵占资产、瞒报错报等，不仅误导投资者做出错误的判断和决策，损害了投资者的利益，而且扰乱正常的市场经济秩序，甚至危害整个社会经济的健康发展。那么究竟如何定义会计舞弊，以往的研究已经给出了丰富且全面的答案，综合以往文献，会计舞弊的类型可以划分为：（1）隐藏债务；（2）虚增收入；（3）关联交易；（4）股市操作（林庆云，2011）。有稍许不同的是，本书中所定义的"舞弊行为"是个比较宽泛的概念，比上市公司财务舞弊或者会计舞弊有更大的外延，即指公司职员或公司管理当局采用账务上或凭证上的处理技巧，或利用非法交易活动等欺诈手段，实现窃取资金财产或粉饰贪污偷盗行为的一种违反法律、扰乱纪律的行为，如贪污、偷税漏税、挪用或隐匿公司资金、制假售假、偷盗等都属于公司舞弊行为。

　　针对这类公司舞弊行为，如果审计师和专业监管人员能够充分发挥其查错揭弊的职责，将在一定程度上遏制舞弊行为。事实和以往的研究都相继证明他们并没有构成会计舞弊行为揭发的主体，反而是企业内部员工等非传统舞弊揭发者占了相当大的比例，美国注册舞弊审查师协会（ACFE，2008，2016）向国家提交的职业舞弊和滥用报告中指出，企业内部员工举报始终是发现舞弊行为最为常见的方法，46.2%的舞弊行为首先是通过检举发现的，是其他方法的两倍以上，而通过内部审计发现的占比为19.4%，通过内部控制发现的占比为23.3%。以往的实证案例也突出强调了员工在检举舞弊行为中的重要性和作用，证据显示有一半以上的员工都亲身经历过公司舞弊行为（Dyck et al.，2010；Moberly，2006；Slovin，2006），然而员工选择检举并成功发现舞弊行为的案例数目占所有发现舞弊行为的总案例数的一半。如上面数据所示，作者得出了以下结论，即内部员工举报是发现公司舞弊行为的重要方式，但是在很多情况下，员工发现舞弊行为之后却选择了保持沉默，选择不做"吹哨人"。因此，如何改善会计舞弊等公司舞弊行为的揭露机制，加大对其的揭露力度迫在眉睫。

　　目前已经有大量国外研究针对个人举报行为的决定因素及该现象的其他方面进行了讨论和检验，例如，举报决策的介入（Lewis，2010；Vandekerckhove and Lewis，2012）、举报意愿与实际行为之间的相关性（Mesmer-Magnus and Viswesvaran，2005）和举报后感知到的报复或实际的报复（Mesmer-Magnus and Viswesvaran，2005；Rehg et al.，2008），另外，还有一部分研究集中在影响个人举报意愿的因素上。其研究结果表明，如果组织中的人有较好的工作表现、较好的教育背景、拥有比不轨行为者更优越的地位及较高的道德评判测试得分（Brabeck，1984；Chiu，2003；Miceli and Near，1984；Near and Miceli，1996；Sims and Keenan，1998），那么他们成为"吹哨人"的可能性会更大；同时，潜在举报人的性别等人口统计信息也会在决策过程中发挥作用，例如，Kaplan et al.（2008）指明，当有匿名举报渠道可使用时，与非匿名举报渠道相比，男性和女性在判断匿名举报渠道对减小个人代价的影响程度上有所不同。管理层或同事的报复或打压或许是决定人们举报意愿的最重要因素（Ponemon，1994）之一，已有不少研究发现举报人对个人代价的认知和其举报意愿之间存在着明显的负相关性（Dozier and Miceh，1985；Miceli and Near，1994；Kaplan and Whitecotton，2001）。

以往文献还对环境特性和组织机构特性对组织成员举报意愿的影响进行了研究（Kaptein，2010；Keenan，1995；King，1999），例如，对组织公正性的感知（Seifert et al.，2010）、主管的支持度（Sims and Keenan，1998）、组织对举报的鼓励（Mesmer-Magnus and Viswesvaran，2005）和公共产业类型（Perry and Wise，1990）都强而有力地关系到员工举报舞弊行为的意愿；此外，当受到组织整体气氛的鼓励时，员工的举报意愿也会更强。道德组织文化包括许多方面，即将道德纳入决策过程、建立奖励道德行为的薪酬体系、制定允许员工质疑职权人员遵守情况的规定（Rothwell and Baldwin，2006；Treviño et al.，1999）。当然，举报人发现组织环境不利于举报时，他们会选择向外部举报（Miceli and Near，1992）；同时还发现，外部举报同样与主管的支持和公司非正式/正式的外部举报鼓励政策呈正相关关系（Sims and Keenan，1998）；此外，进行外部举报的人常常比内部举报者更有信服力（Dworkin and Baucus，1998），其对舞弊行为的指控会得到更好的支持。

针对"吹哨人"的保护制度，相关法律法规逐步出台和演进，除了之前提到的《萨班斯-奥克斯利法案》和《多德-弗兰克法案》，还包括1986年《联邦民事欺诈索赔法案》、1989年美国国会颁布的保护举报人的专门法律《吹哨人保护法》（The Whistleblower Protection Act）、1994年出台的

《1994 年重授权法》（1994 of the Whistleblower Protection Act Amendment）对举报人与被举报的行政机关人员之间的举证责任进行了调整。针对这一话题，国内学者也从法律角度、实务角度进行了深入的讨论，比如江涛、李静（2011）和靳玉（2014）讨论了美国"吹哨人"制度对中国监管机构的启示，丁建臣等（2016）也建议通过引入"吹哨人"制度缓解我国信息公开披露制度不健全及监管者与被监管者之间的信息不对称造成的监管乏力问题。

　　针对公司舞弊行为进行举报到底是道德还是不道德的行为，一直以来都引发了理论界和实务界的诸多讨论，问题的本质是举报行为是不是泄密。"泄密者"和"吹哨人"在内涵、外延和情感色彩上还是有着显著差异的，"泄密者"主要是指未经授权而匿名披露信息的人，而"吹哨人"则是出于公共利益，匿名或公开揭露不当行为的人，其本质上有利于维护公共利益，能对践踏公信力的不法行为起到问责作用（史安斌和黄子懿，2018）。

　　Schultz et al.（1993）模型是研究个人举报行为的经典模型之一，解释了个人在面临是否成为"吹哨人"抉择时所考虑的一些主要因素，这个模型已经被用于诸多研究中，包括 Ayes and Kaplan 的研究（2005）、Kaplan and Whitecotton 的研究（2001）。根据该模型，发现公司舞弊行为并进行举报的意愿是由三个因素决定的，即由个人责任感认知、对舞弊行为严重性（或社会影响程度）的认知和对个人代价的认知三个方面综合决定。首先，是个体意识到令人怀疑的行为已经发生，这表明个人只能报告"他们所知道的""可疑的"行为。第一个变量是个人责任的评估，即在发现舞弊行为时，潜在举报人如何评估自己的责任，这个责任可能来自于组织内部的规章制度，也有可能来自于员工自身的社会责任感；第二个变量是可疑行为的严重程度，这个严重程度由事件本身的客观特征决定，也由潜在举报人的个人主观判断决定；第三个变量是针对个人成本的评估，即举报了舞弊行为之后，举报者个人会面临哪些成本。

　　在三因素模型当中，第一个方面"个人责任感"认知来自于个人对组织的忠诚度及他们认为什么是对的、什么是错的自身道德观（Graham，1986；Somers and Casal，1994）；第二个方面"舞弊行为的严重性"认知是个人根据舞弊行为所导致损害或损失的数量或程度等信息推断出来的；第三个方面则是"个人代价"认知，主要是潜在举报人对于举报后所遭到的可能性报复（Graham，1986），这个个人代价并不是实际发生的，而是个人所感知的可能性，即预测。

Reidenbach and Robin（1990）曾经提出过一种多维度模型来检验个人对道德伦理问题的决策。Reidenbach and Robin（1990）观察到以前的很多研究都是用单一研究项目来衡量道德信仰，通常以"非常道德""非常不道德"为判断标准和基础。Reidenbach and Robin（1990）开发了一个有效和可靠的量表来衡量伦理哲学的多个维度，这些维度可能用于做出伦理问题的决策，多维伦理量表包含了伦理决策的三个维度，即道德公平维度、相对论维度和契约主义维度。道德公平维度衡量了个人对于某些行为是否公平、公正、道德、正确和可接受的看法，个人在道德公平维度所得的分数会正向影响其发现舞弊并且举报舞弊行为的意愿。相对论维度反映了行为是否被社会或文化体系中固有的指导方针或要求所接受。这方面所包含的内容超越了社会的法律结构，主要涉及对传统文化方面的了解，强调了社会文化制度在帮助我们确定伦理信仰方面的重要性，另外也代表了道德评价的来源和标准。契约主义维度反映了个人行为是否违反了隐含的契约、义务和规则。这个维度基于义务论的概念，提出个人对社会其他成员有一种固有的责任。同样地，个人在契约维度的得分与员工的举报意愿也存在显著的正向关系。

通过进一步扩展和综合 Schultz et al.（1993）的三因素模型和 Reidenbach and Robin（1990）的多维度模型，作者尝试构建一个更为全面和系统的理论模型。如图 2-1 所示，模型中包括影响因素和决策两大部分，在影响因素中又包括事件和环境（Task and Environment）、道德伦理（Ethics）和认知（Perception）三个方面。其中，舞弊行为本身、是否有旁观者、舞弊行为人的权力地位、举报渠道管理和组织行为正直性这些都属于第一个方面，即这些因素都会与员工最终的举报意愿之间存在直接或间接的联系。具体来讲，通过对个人责任感认知及对个人代价认知的影响，旁观者效应会对其举报意愿产生影响；通过对舞弊行为严重性认知和对举报者个人代价认知的影响，舞弊者的权力地位因素会对举报意愿产生影响；

通过对个人代价认知的影响，举报渠道管理因素将会对举报意愿产生影响；组织的行为正直性则通过直接和间接影响个人代价认知、道德伦理的三个维度，与举报意愿存在显著的正向关系。

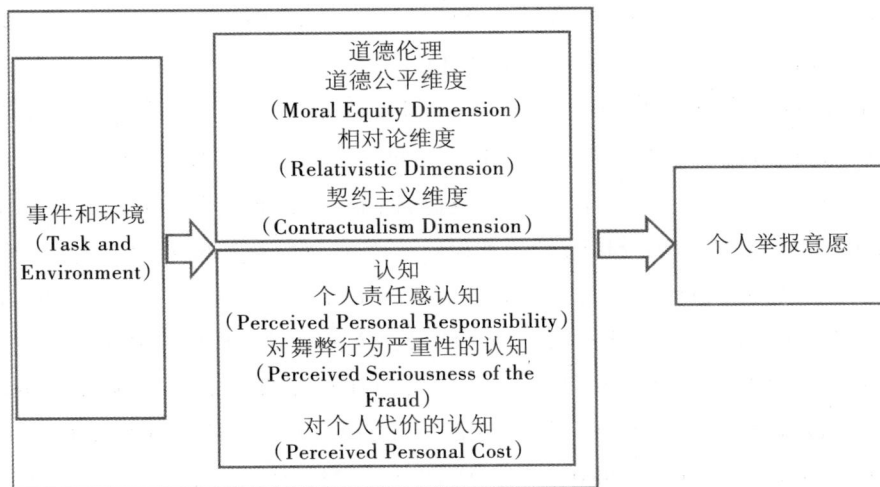

图 2-1　理论模型

## 2.3 ———————————— 举报渠道 ————————————

　　人们在看到有人做出舞弊行为之后，可能会向舞弊行为者的监管者或有权对其进行调查、侦查或终止该不法行为的人进行举报；然而与匿名举报相比，在这种正常的面对面举报的情况下，举报人所感知到的个人代价会更高（Ayers and Kaplan，2005）。因此，与匿名举报相比，面对面进行不法行为举报的可能性会很低；以往针对这个问题所进行的员工问卷调查就为这一论断提供了证据，例如，The Network（2010）发现，2009 年有71% 的参与者没有将看到的可疑问题直接上报管理层；同样，Ethics Resource Center（2007）发现，看到舞弊行为的员工中有 42% 的人保持沉默，有一半的员工采取了举报措施，其中半数以上是因为他们不得已或者因为不知道可以使用匿名举报渠道才采用面对面的方式向相关人员进行举报的。这些调查结果表明，匿名举报渠道可能会有效地发现舞弊行为，甚至可能会预防舞弊行为的发生。

　　2002 年的《萨班斯-奥克斯利法案》(SOX Act) 要求上市公司审计委员会制定举报程序，员工可以匿名提交会计或审计的可疑问题，但是此法案并没有提供关于如何管理匿名举报渠道的详细指南。 在公开上市交易的公司内，美国证券交易委员会 (SEC) 允许审计委员会在匿名举报渠道的政策和程序方面拥有广泛的自由裁量权，所以，匿名举报渠道的有效性和保密性可能会根据其管理方式的不同而有所不同。公司可针对其匿名举报渠道由其内部审计部门或人力资源部门实行内部管理 (Kaplan et al.,2009)，例如沃尔玛全球道德热线电话。在对《财富》500 强中服务行业和工业公司的道德计划进行调查时，Weaver et al. (1999) 发现，在所有参加调研的公司中有 28% 的公司最终是由人力资源 (HR) 部门来负责道德/合规管理的，而法律和审计人员则担任更重要的任务 (Weaver and Treviño，2001)。显然，人力资源部门在公司道德管理中的作用相对较小 (Weaver and Treviño，2001)，而内部审计部门在组织内部扮演着重要角色，而且内部审计部门与高级管理层和审计委员会关系密切，因此它自然成了许多企业潜在举报人的举报窗口 (PricewaterhouseCoopers，2004；Read and Rama，2003)。但从员工的角度来看，内部审计部门并不是首选的举报渠道，尤其是在发生社会性冲突时 (Kaplan et al.，2010)，因为其往往缺乏一个固定的事件处理规范，独立性和匿名性也无法保证，另外，举报走什么程序及各方的责任与义务也亟待明确 (罗燕，2014)。

　　除了公司内部部门主管举报和调查的事务外，也可以使用由独立第三方维护的举报系统，以提供更强大的程序保障，包括更高的保密性、训练有素的专业人员以及事后的有效调查程序 (Kaplan et al.，2009)。根据 Trevino et al. (1999) 的调查研究，有许多美国公司将它们的热线电话外包给其他城市的外部顾问或保安公司；道德专员协会 (EOA) 中有 15% 的成员企业将其举报系统进行了外包，另有 19% 的成员使用混合 (内部/外包) 系统。专业组织 (如 ACFE，2005；The Network，2006) 指出，由第三方管理的热线提供了强大的程序保障并带来不少好处，其中一个重要的好处是，独立第三方可以提供更强大的匿名保护，特别是对小型组织而言这一好处更明显，因为在那些小型组织中，员工之间都彼此了解，机密性和匿名性的保障特别困难；另外，举报热线外包不仅可以降低公司成本，还可以确保以相对专业和快速的方式处理问题。

## 2.4　　　　　　　　旁观者效应

旁观者效应（Latané and Darley，1968，1970；刘抒雅和雷陈珊，2012；王念新等，2016）是心理学中的一个经典理论。其主要描述的现象是：当有其他人在场时，潜在举报人对目击事件不太可能进行干预，即产生了旁观者效应，其中"旁观者"一般是指"置身事外，从旁边观看或者观察的人"。原柯和齐亮（2015）将旁观者的旁观行为分为以下三种类型：（1）无直接利益旁观；（2）潜在利益旁观；（3）直接利益旁观。在当前情境下，旁观者效应表明当意识到有其他人已经目击了舞弊行为时，潜在举报人不太可能进行举报，例如，Dozier and Miceli（1985）以及 Graham（1986）发现，当有多个组织成员可能看到舞弊行为时，个人举报该舞弊行为的可能性就比较小；同样，Miceli et al.（1991）指出，当几乎没人看到舞弊行为时内部审计员通过外部举报渠道进行检举揭发的可能性会更大。作者推断，由于一个人对个人责任的感知和对个人代价的感知，旁观者效应会以公开责备和评价顾虑等形式影响其举报意愿。

责任分散作为一个重要的影响机制已被以往的文献用来解释旁观者效应现象。"责任"主要以责备的公开性来定义，对与"帮助"有关的决策过程的讨论通常更多地集中在帮或不帮的代价（和报酬）上（Latané and Darley，1970；Piliavin and Piliavin，1972）。Latané 和 Darley 提出了责任分散理论下的决策模型，首先，决策者必须注意到一种情况及其紧迫性，并对情况进行分析，然后依据分析结果产生个人的责任感，接下来，决策者必须相信自己有采取行动的能力和相应的物质资源来应对这种情况，最后做出决策。当独自一人在场时，如果紧急情况导致了悲剧发生，自己将是他人唯一的指责目标，因此，未能进行干预的个人责任感知和个人自身代价可能会很高。然而，当有许多人在场时，个体主观地将个人的责任感按照旁观者人数进行划分，旁观者人数越多，受责备的可能性就在越大程

21

度上得到了分散，因此，对于任何特定的个人而言，未能进行干预的个人责任感知和个人代价就会较低。当个人责任认知较低且不进行干预时代价会较小的话，干预行为发生的可能性就比较小。旁观者效应现象也可以用评价顾虑的形式来解释。如果潜在举报者意识到其他人在场，就可能会考虑他人对自己行为的期望和评价，并力求使这些评价达到最好，Latané 和 Darley（1970）将这一过程称为"观众抑制"作用，而 Schwartz 和 Gottlieb（1976）则采用了标签式的评价顾虑，因为他们认为关注他人的评价有可能增强也有可能抑制帮助行为。具体来说，当只有一个人看到舞弊行为时，他不大可能对其他人的评价和期望产生顾虑，因为没有其他人知道他目击了舞弊；相反，如果有其他旁观者在场，潜在举报者对其他人的评价和反应就会有较多的顾虑，这种顾虑会分情况对潜在举报者的干预行为产生不同影响。

## 2.5 ——————— 权力差距 ———————

舞弊行为者的权力地位会通过感知严重性和个人代价而影响举报意愿，这通常是根据舞弊行为者在组织中的地位来衡量的，反映了权力基础或组织机构对个人的依赖性（Miceli et al., 2008）。首先，员工可以通过舞弊行为者权力位置的高低推断出舞弊行为的严重程度，表明了所涉损害或损失的金额或程度等信息，从理论上来讲，权力地位影响举报意愿的途径之一就是影响员工对舞弊行为严重性的认知，即权力位置越高，则严重程度越大，当然近些年"小官大贪"的案件也屡有发生。

此外，以前的研究（参见 Cortina and Magley, 2003；Lee et al., 2004；Rehg et al., 2008）发现，在其他因素不变的情况下，舞弊行为者的权力地位越高，或者组织对违法者的依赖程度越高，举报者遭受报复的可能性就越大（和鸿鹏等，2015；梵瓦勒等，2017）。美国一项针对 13 000 名政府雇员的调查发现，只有约 50% 的被调查者对察觉到的不端行为进行了举报，其中超过 30% 的举报人遭到威胁或报复，举报人遭到的报复包括被同事排斥、得到的支持减少、面临法律诉讼、被解雇、拒绝续签合同、拒绝涨薪水、失去津贴、无法晋升等。由于报复是个人代价的重要组成部分，所以当不法行为者的权力地位较高时，与有较小权力地位的行为者相比，潜在举报者对个人代价的认知度会显著提高。由于感知到的个人代价较高，潜在的举报人会更关注匿名性，这样当不法行为者的权力地位较高时，举报的可能性就会较小。

## 2.6　　　　　　　　　行为正直性

为鼓励组织内的举报行为并达到《萨班斯-奥克斯利法案》（SOX Act，2002）的要求，组织应制定强有力的政策来激励员工积极地进行检举揭发。这些政策可包括："明确的声明"，即了解有潜在不法行为的员工有责任披露该信息；"保证"，即对那些信用良好、向指定方披露感知到的不法行为的员工给予保护，避免对其工作带来不利影响；同时制定公平公正的调查程序（Erwin，2011；Ravishankar，2003）。先前的文献（如Somers，2001）表明，在21世纪初，已有四分之三的美国公司实施了正式的道德规范；由于立法和体制方面的强制要求，近几年这一比率很有可能会明显增加（如SOX Act，2002）。

许多研究表明，标准或行为准则不足以促进员工举报行为的发生（Barnett et al.，1996；Berry，2004；Dworkin，2007；Dworkin and Brown，2013；Dyck et al.，2010；Erwin，2011；Somers，2001），因为员工可能会怀疑这些标准或行为准则的可信度。例如，Somers（2001）就发现，公司道德规范的存在及对职业准则的熟知并不会对员工是否决定举报其在组织内发现的不道德活动产生影响。同样，Dineen et al.（2006）发现，只进行引导并不能明显有效地改进员工的组织公民行为。这些调查结果表明，道德规范之所以不起作用，有可能是因为管理层的行为正直性较低或不明朗。

Simons（2002）将行为正直性（BI）定义为"行为者言行一致的感知模式"，它包括所信奉的价值观与所施行的价值观之间的契合感知，也包括对坚守承诺的感知。在进行举报的情境下，公司道德规范中所描述的规则和政策可被视为管理层的"言",管理层的行为与其"言"相符相称的程度决定了其行为正直性的感知程度,管理层的"言""行"不一致将会导致员工对道德准则的"视而不见",从而无法影响员工的举报行为。

从理论上(Simons,2002)和经验证据上(Simons et al.,2007)来讲,行为正直性已被确立为组织研究中的重要话题,许多研究已对其关联性进行了检测。研究结果发现,行为正直性对组织认同感(Kannan-Narasimhan and Lawrence,2012;Leroy et al.,2012a)、组织公民行为(Dineen et al.,2006;Simons et al.,2014)、组织犬儒主义(Kannan-Narasimhan and Lawrence,2012)、最初无领导工作小组的领导者出现(Palanski et al.,2015)、盈利能力(Simons and McLean-Parks,2000)、对规章制度错误的谈论(Leroy et al.,2012b)、任务绩效(Leroyet al.,2012a;Palanski and Yammarino,2011;Simons et al.,2014)、信任度(Palanski et al.,2011;Simons et al.,2007;Simons et al.,2014)及工作投入度(Vogelgesang et al.,2013)等都有影响。

对于行为正直性与举报行为的特殊关系的研究表明,员工对较高行为正直性的认知会提高组织公民行为的水平,同时对越轨行为有抑制作用。例如,Dineen et al.(2006)发现,监督指导工作与员工组织公民行为之间的关系取决于监管者表现出的行为正直性水平。同样,Leroy et al.(2012b)发现,护士长在安全问题上的行为正直性与报告给护士长的医疗事故数量呈正相关关系。最近的两项研究(Taylor and Curtis,2013;Zhang et al.,2013)发现,管理层对以前举报的处理情况(即管理层行为)在影响后来的舞弊举报意愿方面起到了重要作用。具体来讲,Taylor and Curtis(2013)发现,当认识到企业组织对以前的举报没有反应时,审计人员对上级的可疑行为进行汇报的可能性要比汇报其同等级人员可疑行为的可能性要小。同样,Zhang et al.(2013)在研究中发现,当以前的举报处理结果对举报人产生负面影响时,其参与者更愿意通过外部管理的渠道进行举报,而不是选择内部渠道来举报。这些研究共同表明,管理层的行为(即对以前举报所做出的回应)非常重要,重要的组织基础构筑,例如管理层的行为正直性特征,与组织的举报政策和举措密切相关。

在当前情境下,"言行不一"会让员工认为管理层不可靠或不值得信赖，特别是在保护举报人及其匿名性方面；重要的是，这种不一致性能到达何种程度，也会向员工传递组织的有关举报舞弊的文化。例如，根据Bandura（1977）的著作以及 Dineen et al.（2006）的观点，"就监管者的行为与其制定的原则保持一致的程度而言，监管者的实际行为是另一种环境影响因素，这种影响使原本适当的职场行为规范更加卓越。"由此可以说明，企业员工对舞弊行为的举报意愿会受管理层对待举报行为时的行为正直性的影响，尤其是对于在组织中处于较低层次的人员来说，这种影响会更明显。如果管理层的行为与"行为准则"中规定的公司举报政策保持一致，那么管理层将具有较高的可信度（Davis and Rothstein，2006；Palanski et al.，2011），企业组织在举报行为方面的文化和价值观也会对员工产生较大的影响力（Dineen et al.，2006），通过这样的影响和信号传递，员工会坚信进行举报是对的，是被管理层和同事们所接受的；同时，他们相信"吹哨人"行为基本不会遭受报复，而他们的干预可能会产生好的结果（Zhang et al.，2009）。

25

## 2.7　本章小结

从上面的文献回顾中可以看出，员工举报舞弊的行为对于组织和企业来说都有重大的意义，尤其是在相关财务舞弊丑闻相继曝光的大背景下，如何鼓励员工在发现舞弊行为时及时进行举报，承担起"吹哨人"的使命是学术界和实务界都需要认真思考的问题。通过对相关影响因素和理论模型的梳理发现，环境因素会显著影响员工的举报意愿，尤其是权力和影响力都较小的普通员工。然而，以往的研究也存在着一些不足或是可以进一步改进的地方，具体表现在以下一些方面：第一，没有专门聚焦于普通员工的举报意愿；第二，没有系统探讨环境因素如何影响普通员工的举报意愿，对于这些因素如何交互地影响员工的决策判断还没有充分的研究证据，而研究证据的缺乏也直接影响了实务界在操作中的借鉴和改进。

**第 3 章**

# 行为实验 1

3.1 ——————————————— 引　言 ———————————————

　　以往针对举报渠道、旁观者效应、权力差距如何影响普通员工举报意愿的研究并不充分，不仅在结果上存在不一致的情况，而且缺乏深入探讨影响路径以及交互效应的相关证据。专业组织（ACFE，2005；The Network，2006）表示，与组织内部维护的举报系统（例如，人力资源部或内部审计部）相比，由第三方管理的热线能够提供强有力的程序保障并具有很多优势。其中的一项优势就是，独立的第三方可以为举报人的匿名性提供更有力的保护。在大多数情况下，它由专业人员操作，他们的运营地点在地理位置上远离举报人所在的组织。举报人的匿名性很重要，因为发现举报人身份是打击报复的前提，而且打击报复的可能性又是影响个人举报意愿的决定性因素之一（Mesmer-Magnus and Viswesvaran，2005；Miceli et al.，2008）；因此，当举报人的身份得到充分保护的时候，就会很大程度上减少遭到舞弊行为者、同事和企业组织报复的可能性。然而有趣的是，公司似乎更希望员工通过内部管理而不是外部管理的举报渠道来进行检举揭发（Berry，2004；Brink et al.，2013；Davidson and Worrell，

1988；Laczniak and Murphy，1991）；通过外部渠道进行举报可能会增加带来负面后果的风险，包括公司的诉讼和声誉损失。综上所述，举报渠道管理对举报意愿的影响，尤其是针对广泛普通员工的作用仍然不清晰。

　　针对旁观者效应这一传统的心理学理论来说，以往的研究虽然已经比较充分，但是有关影响机制还需要进一步的深入研究。旁观者效应理论认为当有其他人在场时，潜在举报者不太可能介入举报行为，这时就产生了旁观者效应（Latané and Darley，1968，1970）。Latané and Darley（1968，1970）提出了推动旁观者效应的三个因素："社会影响"，它反映了潜在举报者受他人对紧急情况严重性和反应适当性定义的影响程度；"责任分散"，它反映了潜在举报者认识到其他人也目击了紧急事件，而作为个体不会单独承担责任；"评价顾虑"，主要是指潜在举报者关心他人对其行为的期望和评价，并希望这些评价是最好的。随后，Schwartz and Gottlieb（1980）提出，旁观者意识（即与其他旁观者面对面时缺乏匿名性）可能会因评价顾虑而抑制其"帮助"行为，当然也有可能触发其"帮助"行为。尽管早期研究的结果与发现已很全面、充分（Latané and Darley，1968，1970），但最近的一些研究（Gao et al.，2015；Robinson et al.，2012；Miceli et al.，2008）证实，在某些特定情况下是不会产生旁观者效应的（Manning et al.，2007）。Robinson et al.（2012）发现，与普遍预期的旁观者效应相反，随着工作组规模的缩小，举报实际上也不太可能发生。Miceli et al.（2008）曾经提出，在传统商业舞弊举报的情境下旁观者效应可能不会发生，其原因在于举报人通常比犯罪行为目击人有更多的考虑时间。旁观者的存在是否会影响企业员工选择成为"吹哨人"呢？如果存在影响，那么是抑制还是触发？影响的机制是哪些？这些问题都值得讨论。

　　与前两个因素不同，针对"举报者和舞弊者的权力差距如何影响举报者的举报意愿"的问题研究，以往文献的结论一致性比较高，即舞弊行为者的权力地位越高，与举报者的权力差距越大，则举报者的举报意愿越小。尽管主要结论相对清晰，但是对于"权力差距-举报意愿"之间的作用路径，以及权力差距与其他两个环境因素的交互作用还没有具体的证据。

因此，作者采用行为实验的研究方法，通过征集369名美国大学生作为实验样本，在实验中操纵举报渠道、旁观者效应和权力差距，检验员工的举报意愿是否受到影响，且如何受到影响。实验结论表明，与内部管理的举报渠道相比，外部管理的举报渠道可以提高员工的举报意愿；举报者与舞弊者的权力差距会有负面效应，另外举报管理渠道对旁观者效应做出适度调节，尤其是当举报渠道由内部管理时，有其他旁观者在场时比没有其他旁观者在场时，潜在举报人的举报意愿明显降低，相反，当举报渠道由外部第三方管理时，举报意愿在两种情况下没有明显差异。另外还发现，当舞弊行为者是其主管人员而不是其同等级同事时，员工的举报意愿明显降低；即使使用外部管理的举报渠道，这种影响也没有得到明显减弱。

本章可能的研究贡献主要体现在以下三个方面：第一，拓展了员工举报和企业伦理方面的相关文献。第二，深入剖析相关环境因素的影响机制和交互作用，为之后的研究提供方法上的借鉴和证据。第三，为实务操作者（企业管理者和政府监管者）提供改进的意见和建议，例如，政府监管者可以考虑进一步加强并且细化举报渠道管理方面的法规和指引，企业管理者则可以组织内部员工培训并逐步建立针对举报员工的有效保护机制等。

本章的其他部分安排如下：第二部分回顾文献并提出假设；第三部分描述研究设计，包括样本选择、变量界定和实验流程；第四部分为实验结果分析；第五部分考察影响路径，最后得出结论和启示。

## 3.2　　　假设的提出

### 3.2.1　有关举报渠道的假设

人们在看到有人从事舞弊行为之后，可能会向舞弊行为者的监管者或有权对其进行调查、侦查或终止该不法行为的人进行举报；然而，这种正常的面对面举报，与匿名举报相比，所感知到的个人代价会更高（Ayers and Kaplan，2005）。因此与匿名举报相比，面对面向上级或者监管部门进行舞弊举报的可能性很低，以往的调查研究已经印证了这一推测。The Network

（2010）发现，2009年有71％的调查参与者没有直接将看到的可疑问题上报管理层，在看到舞弊行为的员工中，大多数人选择保持沉默，其中的部分被调查者反映他们并不知道可以使用匿名举报渠道。这些调查结果表明，匿名举报渠道的设立和管理可能会对企业员工举报舞弊行为产生很大的影响，甚至会对员工起到警示的作用，一定程度上预防舞弊行为的发生。

2002年的《萨班斯-奥克斯利法案》要求公司审计委员会制定举报程序，员工可以匿名提交其在会计或审计工作中发现的可疑问题，但是《萨班斯-奥克斯利法案》并没有提供关于如何管理匿名举报渠道的详细指南。在公开上市交易的公司内，美国证券交易委员会（SEC）允许企业或者审计委员会在匿名举报渠道的政策和程序方面拥有广泛的自由裁量权，因此，每个公司会采用不同的匿名举报渠道，其有效性和保密性也很有可能会因其管理方式的不同而有所不同。

公司可将匿名举报渠道交由其内部审计部门或人力资源部门实行内部管理（Kaplan et al.，2009）。Weaver et al.（1999）在对道德计划进行调查时发现，在调查的《财富》500强服务行业和工业公司中，有28％的公司是由人力资源（HR）部门来负责道德/合规管理的，而法律和审计人员则担任更重要的任务（Weaver and Treviño，2001），内部审计部门在组织内部具有独特的作用，因为其与高级管理层和审计委员会关系密切，所以它成为潜在举报人的举报窗口（PricewaterhouseCoopers，2004；Read and Rama，2003）。但是以往的研究表明，对于企业员工来说，通过内部审计部门举报舞弊行为并不是首选的举报渠道，尤其是在发生社会性冲突时（Kaplan et al.，2010）。

公司可以使用由独立的第三方提供维护服务的举报系统，除具有更强大的程序保障、更高的保密性、更加训练有素的专业人员、更高的事后调查效率等特点外，也可节约一定的成本（Kaplan，2009）。根据Trevino et al.（1999）的调查，有许多美国公司将它们的热线电话外包给其他城市的外部顾问或保安公司；道德专员协会（EOA）的会员中也有近15％的成员将其举报系统进行了外包，另有19％的成员使用混合（内部/外包）系统。相关专业组织（如ACFE，2005；The Network，2006）指出，由第三方管理的热线提供了强大的程序保障并带来不少好处。其中一个重要的好处是，独立的第三方可以提供更强大的匿名保护。这种对匿名性的保护对于小型公司来讲尤其重要，究其原因是在那些小型组织结构中，员工之间都彼此了解，机密性和匿名性的保障特别困难；另外，举报热线外包不仅可以降低公司成本，还可以确保以相对专业和快速的方式处理问题，这种专业性是不少小型公司所不具备的。

基于上述内容可以发现，与内部管理的举报渠道相比，独立第三方所管理的举报渠道在保护舞弊举报人的个人匿名性方面更可靠、更有保证；相应地，在这种渠道管理方式下，举报人受到打击报复的可能性也会大幅降低，进而降低潜在举报人对于个人举报代价的感知，主要体现在与报复风险有关的代价。因此，当公司的举报渠道由独立第三方管理的时候，与内部管理相比，员工进行举报的可能性更大，由此第一个假设陈述如下：

H1：看到舞弊行为后，如果公司的匿名举报热线是由独立第三方进行管理的，与由公司内部管理时相比，员工的举报意愿会更大。

### 3.2.2 有关旁观者效应的交互效应假设

旁观者效应（Latané and Darley，1968，1970）是指当有其他人在场时，潜在举报者对目击事件不太可能进行干预。在公司舞弊举报的情境下，根据旁观者效应理论，当员工意识到有其他人同时目击了舞弊行为时，他不太可能进行举报，例如，Dozier and Miceli（1985）以及 Graham（1986）就发现，当有多个组织成员可能意识到舞弊行为的存在时，个人举报该舞弊行为的可能性就比较小；同样，Miceli et al.（1991）指出，当几乎没人看到舞弊行为时，内部审计员通过外部举报渠道进行检举揭发的可能性会更大。

旁观者效应产生的作用机制主要包括社会影响、责任分散和评价顾虑三个方面，其中"责任分散"已被以往的研究广泛用来解释旁观者效应现象。"责任"主要以责备的公开性来定义，对与"帮助"有关的决策过程的讨论通常更多地集中在帮或不帮的代价（和报酬）上（如 Latané and Darley，1970；Piliavin and Piliavin，1972）。当独自一人在场时，如果紧急情况导致了悲剧发生，这个旁观者将是他人唯一的指责目标，因此，未能进行干预的个人责任感知和个人代价可能会很高；然而当有许多旁观者在场时，受责备的可能性就较大程度上得到了分散，因此，对于任何特定的个人而言，未能进行干预的个人责任感知和个人代价就会较低；当个人责任感知较低且不进行干预时所产生的代价较小的话，干预行为发生的可能性就比较小。

虽然以往的研究鲜有涉及，但旁观者效应现象也可以用评价顾虑的形式来解释。"评价顾虑"是指如果潜在举报者意识到其他人在场，就可能会考虑他人对自己行为的期望和评价，并力求使这些评价达到最好，Latané and Darley（1970）将这一过程称为"观众抑制"作用，而 Schwartz and Gottlieb（1976）则采用了标签式的评价顾虑，因为他们认为关注他人的评价有可能会增强也有可能会抑制帮助和干预行为。具体来说，当只有一个人看到舞弊行为时，他不大可能对其他人的评价和期望产生顾虑，因为没有其他人知道他目击了舞弊行为；相反，如果有其他旁观者在场，潜在举报者对其他人的评价和反应就会有较多的顾虑。

因此，为了深入理解旁观者效应，需要将其区分为两个层级：第一个层级，是否有其他旁观者存在；第二个层级，假定存在其他旁观者的情况下，其他旁观者是否知晓潜在举报人的存在。具体来说，在紧急情况下需要向受害者提供帮助时，单独一个人在场与有多个旁观者在场相比，对于个人不干预行为的责任和代价都会大一些；而在后一种情况下，即多个旁观者在场时，不干预行为的责任和代价就相应分散了。相比之下，对举报者产生的负面后果（如受到老板和同事的冷落、报复）是因为其干预行为产生，而不是其不干预行为产生。因此，旁观者效应指出与有其他人在场时相比，没有旁观者时的个人员工进行举报的可能性要大。尽管旁观者效应理论的指向性很强，但是以往的研究结论并不一致，Robinson et al.（2012）在对举报意愿进行研究时发现了与旁观者效应相反的情况，进一步说明了其情况的复杂程度。

如果潜在举报人能够避开其他旁观者采用匿名举报，可明显减少潜在举报人的评价顾虑（Schwartz and Gottlieb，1980），进而对"帮助"行为产生影响。如前所述，在公司舞弊的情境下，潜在举报人可能会意识到有其他人在场目击舞弊行为时比唯独自己在场目击舞弊行为时所产生的个人责任要小，因此，当有其他人在场时，他进行举报的可能性会较小。当有其他人在场时与唯独举报者自己在场看到舞弊行为相比，独立第三方所管理的举报渠道明显更有利于增强举报人的举报意愿（H1中的预测）。这是因为由于有其他人在场，潜在举报人会意识到个人责任变小，通过外部管理的举报渠道提供更好的匿名保证可以明显降低感知到的个人代价，包括可能性报复，这会进而影响潜在举报人的举报意愿。相比之下，如果举报人是唯一的舞弊行为目击者，外部管理的举报渠道所提供的匿名保证增强时，这对于潜在举报人所感知到的个人代价所产生的影响并不显著，因此对举报意愿的影响也不明显，据此作者做出以下预测：

H2：与没有旁观者发现舞弊行为的情况相比，当有旁观者在场时，独立第三方所管理的举报渠道会对员工举报意愿产生更积极的影响。

### 3.2.3　有关权力差距的交互效应假设

舞弊者权力地位也会通过影响举报人所感知的舞弊严重性和个人代价而影响举报意愿，这通常是根据舞弊行为者在组织中的地位来衡量的，反映了权力基础或组织机构对个人的依赖性（Miceli et al.，2008），由此可以从舞弊行为者的权力地位推断出感知到的严重性，这包括舞弊行为所涉损害或损失的金额或程度等信息。因此，舞弊行为者的权力地位影响员工举报意愿的途径之一就是影响其对舞弊行为严重性的认知。

除了影响潜在举报人对于舞弊行为严重性的认知以外，与舞弊行为人之间的权力差距也会影响举报人所感知到的个人代价。以前的研究（参见 Cortina and Magley，2003；Lee et al.，2004；Rehg et al.，2008）发现，在其他因素不变的情况下，舞弊行为者的权力地位越高，或者组织对违法者的依赖程度越高，举报者遭受报复的可能性就越大。由于遭受打击报复是个人代价的重要组成部分，所以当不法行为者的权力地位较高，与潜在举报人权力差距较大时，潜在的举报者对个人代价的感知度就会显著提高，即感觉自己受到打击报复的可能性显著提高。由于感知到的个人代价较高，潜在的举报人会更关注匿名性，这样当舞弊行为者的权力地位较高时，举报的可能性就会较小。作者进一步推断，当舞弊行为者的权力地位较高时，由独立第三方管理的举报渠道的优势就更加明显，并且更有利于增强举报意愿（H1中的预测）。主要原因如下：当舞弊行为者的权力地位较高而使潜在举报人感到个人代价较大时，通过独立第三方管理的举报渠道可以提供更好的匿名保证，明显减少受到打击报复的可能性，降低了举报行为所带来的个人成本，这对举报意愿的影响也应该是非常显著的；相反，当舞弊行为者的权力地位较低时，潜在举报人感知到的个人代价相对较低，因此与较高的权力地位相比，其报复的可能性较低，这时使用外部管理的举报渠道来提高匿名保证，预计对报复可能性大小所产生的影响并不显著，因此，举报意愿应该也不会得到显著的提高。据此，作者做出以下预测：

H3：与舞弊行为人与潜在举报人两者之间权力差距较小时相比，当权力差距较大时，独立第三方所管理的举报渠道会对员工的举报意愿产生更积极的影响。

## 3.3　研究设计

### 3.3.1　概述

针对以上研究问题，作者主要从行为会计的视角来解决员工举报意愿的影响因素问题。行为会计是会计学与社会学相互交叉的边缘学科，是会计信息、会计系统与人类行为相互联系、相互影响的综合性、交叉性的管理活动，并且已经超出了传统会计所涵盖的收集、记录和报告信息的职能范围。其主要研究的对象就是会计和相关行为者之间的关系，具体来说是关注会计行为主体如何进行会计行为、会计的行为动机和行为目的有哪些、什么是科学的会计行为、如何才能客观反映企业的受托责任、如何满足信息使用者的决策需要，其重要优势就是可以进行因果效应检验，明确分析因果链条及干预因素。

本书将采用的主要研究工具是行为实验法。实验研究过去常常用于自然科学领域，后被广泛引入社会学领域来解决决策者的个体认知和决策行为问题。通过针对以往文献的梳理和回顾发现：不同的环境影响因素对于员工"吹哨人"的决策判断是通过改变个人认知差异所造成的，即个人认知不同，导致的决策行为也有所不同。参照表 3-1，行为实验法（Behavioral Experimental Approach）与现在普遍使用的档案法（Archival Approach）相比具有鲜明的特点。

表3-1                          行为实验法与档案法比较

| 比较项目 | 行为实验法<br>（Behavioral Experimental Approach） | 档案法<br>（Archival Approach） |
|---|---|---|
| 理论支持 | 多采用心理学和社会学理论 | 多采用经济学理论和模型 |
| 数据的取得 | 多采用实验或者调查等一手数据 | 多采用历史数据等二手数据 |
| 关注对象 | 个体行为、现象及个体决策过程 | 市场或者系统性问题 |
| 关注时间点 | 可以通过模拟实验做事前研究 | 只能做事后研究 |

在本章中，作者将使用2（举报渠道）×2（旁观者效应）×2（权力差距）×2（案例）组间组内混合的实验设计，全面交叉了举报渠道管理（内部与独立第三方）、旁观者数量（没有旁观者与有两个旁观者）和舞弊者的权力差距（权力差距大与权力差距小）等组间因素。此外，由于每个参与者都进行了两个案例——虚构收入（供应商）案例和虚构账项案例的评估，因此"案例"为组内因素设计。

### 3.3.2　实验参与者

美国一所公立大学的369名商科学生参与了这项研究，在此次实验中他们担任了普通员工的角色。他们的平均年龄是20.5岁（标准差=2.72），其中有57%是男生。超过75%的参与者有工作经验。他们的平均工作经历为3.5年（标准差=2.23）。在美国，绝大多数大学生都有一定的兼职工作经历，当然因为经验和专业知识的限制，他们基本都在企业内部从事着普通员工的工作。因此，作者认为这些实验对象能够很好地理解实验情境，其答复也很具有代表性。各实验组的这些人口信息因素没有显著的差异（p > 0.10）。

### 3.3.3　实验任务

实验是采用书面问答的方式，在实验案例中向参与者提供一家虚构公司——高能公司（HEC）的相关信息。我们摘录了它的道德行为准则，向参与者表明其匿名举报渠道的可用性，并使渠道管理因素处于人为可控状态。每个参与者阅读两个独立的案例场景，两个场景各描述了一名员工在发现舞弊行为后要对是否进行举报做出决定。在第一个案例（案例A：虚构收入）中，舞弊者向虚拟供应商支付假发票。在第二个案例（案例 B：虚构账项）中，一名雇员欺骗客户，并要求向其个人账户支付一笔费用，以帮助其达到投标资格并通过审核。在每一个案例中，旁观者的数量和舞弊者的权力地位都是可操控的（详情请参照"自变量设计"部分）。读完每个案例后，要求实验参与者指出潜在举报人拨打热线电话进行舞弊行为举报的可能性。在任务最后，参与者回答了操控检查问题，并提供了人口统计信息。

### 3.3.4　自变量设计

**1）举报渠道**

在内部管理情况下，参与者被告知高能公司的举报热线是由公司的"内部审计部门"在运营。在外部管理情况下，参与者被告知举报热线是由位于纽约的一家名为合规专家有限公司的独立第三方在运营。这两种情况下举报热线的其他细节信息都是完全相同的（例如，在线时间是每周 7 天、每天 24 小时）。

**2）旁观者效应**

作者操控了两个案例中旁观者的存在与否（潜在的举报人除外）。如下所述，在虚构收入案例中，某一天深夜，潜在的举报人在办公室偶然听到舞弊行为人与其同伙之间的电话交谈（关于假发票一事），继而发现了这一舞弊行为。在有旁观者在场的情况下，当舞弊者离开后，潜在举报人还听到其他两名同事也在谈论这一舞弊行为；而在没有旁观者在场的情况下，就没有提到那两名同事。

在虚构账项案例中，潜在的举报人在去复印室时发现了舞弊行为人给公司供应商的信件复印件，信中显示这名舞弊行为人索要了一笔不合法的费用，继而举报人发现了这一舞弊行为。在有旁观者在场的情况下，潜在的举报人看到另外两名员工去复印室时也读了这封信；在没有旁观者在场的情况下，就没有提到这两名员工。

**3）权力差距**

在两个案例中将舞弊者的权力地位设置为如下情况：在权力差距较大的情况下，案例 A 中设定的舞弊者为潜在举报人的主管，案例 B 中设定其

35

为采购经理；在权力差距较小的情况下，案例A和案例B中均设定舞弊者和潜在举报人一样，都是高能公司的普通员工。

### 3.3.5　因变量设计

主要因变量是拨打热线电话进行举报的意愿。参与者需要评估潜在举报人有多大的可能性（从0%到100%）去拨打热线电话举报舞弊行为。之前的研究（如Cohen et al., 1998, 2001, 2007; Chung and Monroe, 2003）指出，用第一人称叙述举报意愿比用第三人称叙述更有可能会出现社会期许偏差。因此，作者在实验中用第三人称叙述了这一问题，并要求实验参与者指出案例中的潜在举报人举报舞弊行为的意愿情况。

## 3.4 ———————— 研究结果

### 3.4.1　操纵检验

作者首先验证了研究参与者是否像所预期的那样理解了对这三个变量的操纵。为此，在研究材料的最后一部分，作者要求实验参与者回答以下问题：（1）热线是由内部审计部门还是由独立的第三方公司运营的；（2）潜在的举报人是否是唯一发现该舞弊行为的职员；（3）假定的舞弊者是普通员工还是主管。如果实验参与者能够正确回答以上问题，则说明其理解了案例，其答复具有可靠性。

在369名参与者中，96人（26%）至少有一项没有通过操纵检验：其中52名参与者没有通过关于举报渠道的操纵检验，38名参与者没有通过关于旁观者效应的操纵检验，47名参与者没有通过关于舞弊者权力地位的操纵检验。请注意，有些参与者有多项操纵检验都没有通过。因此，作者采用剩余273名参与者的数据来验证假设。

针对两种举报渠道各自的管理方式，作者要求参与者使用七级李克特量表法（1=完全不同意，7=完全同意）来说明他们对举报舞弊行为时自己的匿名身份能否得到保护的自信程度。与预期情况相符，参与者们认为由独立第三方管理的举报渠道（5.47）比由公司内部审计部门维护的举报渠道（4.18）更好地保护了举报者的匿名身份（t=8.70，p=0.000，双尾检验）。

### 3.4.2 假设检验

为了检验 H1、H2 和 H3 的假设支持情况，作者以举报意愿为因变量进行了 2（举报渠道）×2（旁观者效应）×2（权力差距）×2（案例）的方差分析[①]。"案例"是一个组内因素，结果见表 3-2。

表 3-2　　　　方差分析：举报渠道、旁观者效应、权力差距

| 组内效应 | | | | |
|---|---|---|---|---|
| 变量 | SS | Df | MS | F-value | p-value |
| 案例 | 4768 | 1 | 4 768 | 15.27 | 0.000 |
| 案例×举报渠道 | 30.98 | 1 | 30.98 | 0.099 | 0.753 |
| 案例×权力差距 | 46.82 | 1 | 46.82 | 0.15 | 0.699 |
| 案例×旁观者效应 | 3 048.9 | 1 | 3 048.9 | 9.76 | 0.002 |
| 案例×举报渠道×权力差距 | 105.7 | 1 | 105.7 | 0.338 | 0.561 |
| 案例×举报渠道×旁观者效应 | 22.39 | 1 | 22.39 | 0.072 | 0.789 |
| 案例×权力差距×旁观者效应 | 32.1 | 1 | 32.1 | 0.103 | 0.749 |
| 案例×权力差距×旁观者效应×举报渠道 | 30.9 | 1 | 30.9 | 0.099 | 0.753 |
| 组间效应 | | | | |
| 变量 | SS | Df | MS | F-value | p-value |
| 举报渠道 | 4 772.7 | 1 | 4 772.7 | 7.5 | 0.007 |
| 权力差距 | 6 073.1 | 1 | 6 073.1 | 9.52 | 0.002 |
| 旁观者效应 | 553.1 | 1 | 553.1 | 0.867 | 0.353 |
| 举报渠道×权力差距 | 8.38 | 1 | 8.38 | 0.013 | 0.909 |
| 举报渠道×旁观者效应 | 2 353.4 | 1 | 2 353.4 | 3.688 | 0.056 |
| 权力差距×旁观者效应 | 825 | 1 | 825 | 1.293 | 0.257 |
| 权力差距×旁观者效应×举报渠道 | 606.6 | 1 | 606.6 | 0.950 | 0.330 |

注：案例包含 A：虚构收入案例，B：虚构账项案例。

---

① 我们重复做了方差分析，忽略了（舞弊者权力差距×旁观者效应）之间的双方相互作用和三方交互作用，因为这些相互作用不是假设条件，得到的假设检验和显著性水平与表 3-2 几乎相同。此外，我们做了一个以性别为协变量的协方差分析，在分析中忽略了性别，因为它没有显著的统计特征。

H1.第一个假设预测：与由公司内部审计部门维护的举报热线相比，个人使用由独立第三方管理的匿名举报热线举报舞弊行为的意愿会更强烈。表3-2显示了举报渠道对举报意愿的显著影响（F=7.5，p=0.007）。正如表3-3所阐述的，使用外部管理的举报渠道举报的意愿（58.4，标准差=17.3）高于使用内部管理的举报渠道举报的意愿（52.2，标准差=19.2）。这些结果与H1一致。

H2.第二个假设预测了举报渠道管理和旁观者效应之间的交互作用对举报意愿的影响。正如表3-2所阐述的，这两个因素之间预计有着显著的交互作用（F=3.688，p=0.056）。为了进一步研究这一发现并理解这种交互作用的本质，作者进行了简单效果测试，结果见表3-3，交互项图如图3-1所示：在没有旁观者的情况下，举报渠道内部管理条件下的举报意愿平均值（54.9，标准差=16.5）和举报渠道外部管理条件下的举报意愿平均值（57.5，标准差=17.6）之间没有显著的统计学差异（t=-0.86，p=0.196，双侧检验）。然而，在有旁观者在场的情况下，举报渠道由独立第三方管理下的举报意愿平均值（59.4，标准差=16.8）要显著高于举报渠道内部管理条件下的平均值（49.8，标准差=21.2）（t=-2.96，p=0.0018，双侧检验），这种结果的模式与H2一致。

表3-3　　　　**举报渠道和旁观者效应对举报意愿的影响**

Panel A：各组均值

| | 渠道管理 | | 总和 |
|---|---|---|---|
| | 企业内部审计部门 | 独立第三方 | |
| 旁观者效应 | | | |
| 没有旁观者 | 54.9（16.5）<br>N=66 | 57.5（17.6）<br>N=67 | 56.2（17.0）<br>N=133 |
| 有旁观者 | 49.8（21.2）<br>N=70 | 59.4（16.8）<br>N=70 | 54.6（19.7）<br>N=140 |
| 总和 | 52.2（19.2）<br>N=136 | 58.4（17.3）<br>N=137 | |

注：举报意愿的各组均值为两案例的平均值。

Panel B：组间比较

| | df | t | p-value |
|---|---|---|---|
| 渠道管理在没有旁观者的情况下 | 131 | -0.86 | 0.3920 |
| 渠道管理在有旁观者的情况下 | 138 | -2.96 | 0.0037 |
| 旁观者效应在内部审计部门管理举报渠道的情况下 | 134 | 1.57 | 0.1191 |
| 旁观者效应在独立第三方管理举报渠道的情况下 | 135 | -0.65 | 0.5197 |

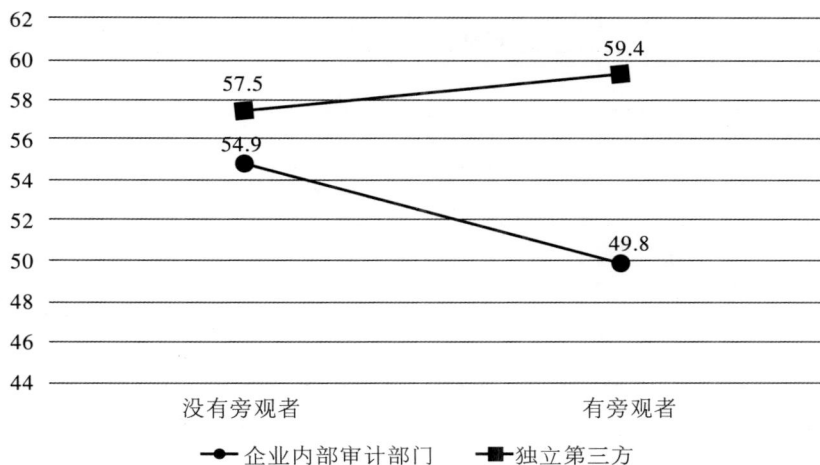

图 3-1 交互项图

H3. 第三个假设预测了举报渠道管理和舞弊者的权力差距之间的交互作用对举报意愿的影响。正如表 3-2 所阐述的，举报渠道管理和舞弊者的权力地位之间的交互作用并不显著（p=0.909）。因此，举报渠道内部管理条件下舞弊者较高权力地位和较低权力地位的举报意愿平均差（6.99）与举报渠道外部管理条件下的平均差（6.28）并没有显著的差异。这些结果不支持 H3。

### 3.4.3 补充分析

#### 1）旁观者和案例之间的相互作用

表 3-2 中组内效应的结果表明案例和旁观者效应之间存在显著的相互作用（F=9.76，p=0.002）。在进行了简单效应测试后（结果见表 3-4，交互项图如图 3-2 所示），作者发现在虚构账项案例中，旁观者效应对举报意愿有显著的影响（平均差_没有旁观者-有旁观者=6.6，t=2.33，p=0.0102，单尾检验）。有趣的是，在虚构收入案例中，得到的效果是相反的（平均差_没有旁观者-有旁观者=-3.3，t=-1.29，p=0.0978，单尾检验）。

#### 2）理论模型检验

作者通过 Schultz et al.（1993）提出的三个中介变量检验了三个人为操控因素（举报渠道、旁观者效应和舞弊者的权力地位）对举报意愿的影

表 3-4 案例和旁观者效应对举报意愿的影响

**Panel A：各组均值**

| | 旁观者效应 | | |
|---|---|---|---|
| | 没有旁观者 | 有旁观者 | 总和 |
| 案例 | | | |
| 虚构收入 | 56.7（20.1）N=133 | 60（21.8）N=140 | 58.4（21.0）N=273 |
| 虚构账项 | 55.7（22.4）N=133 | 49.1（16.8）N=140 | 52.3（23.5）N=273 |
| 总和 | 56.2（17）N=266 | 54.6（19.7）N=280 | |

**Panel B：组间比较**

| | df | t | p-value |
|---|---|---|---|
| 旁观者效应在虚构收入的案例中 | 271 | −1.29 | 0.0978 |
| 旁观者效应在虚构账项的案例中 | 271 | 2.33 | 0.0102 |

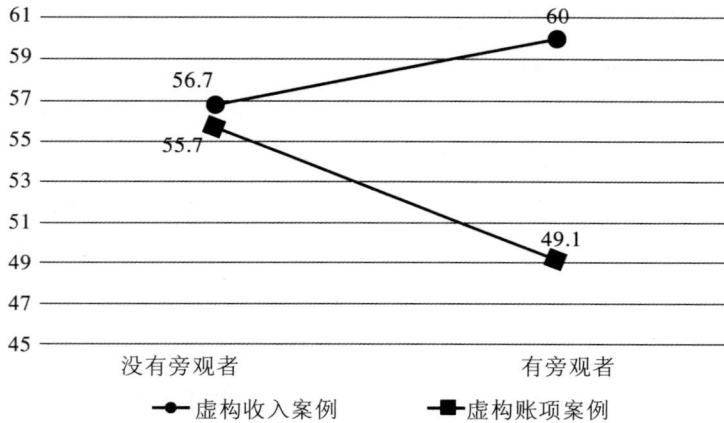

图 3-2 交互项图

响。Schultz et al.（1993）理论模型将个人举报意愿描述为三项评估指标
的函数：对舞弊行为严重性的认知、个人责任感的认知和对个人代价的认
知。在当前的研究中，如图 3-3 所示，作者预测：（1）由第三方管理的举
报渠道将通过降低员工感知到的个人代价而增加其举报意愿；（2）旁观者
的存在将通过降低个人责任感和增加感知到的个人代价而降低员工的举报
意愿；（3）舞弊者与举报者之间较大的权力差距将通过增加感知到的个人
代价和舞弊行为的严重性而降低员工的举报意愿。

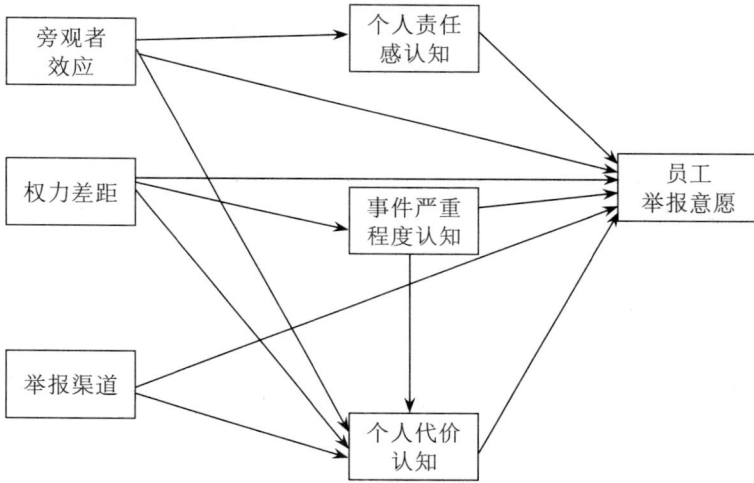

**图 3-3　行为实验 1 的理论模型**

　　为了检验以上所提出的理论模型，在实验材料中（详见附录）针对
每个案例场景提出了三个问题，每个问题分别与参与者感知到的舞弊行
为的严重性、举报该舞弊行为的个人代价以及举报该舞弊行为的个人责
任感相关。作者分别询问了实验参与者对潜在举报人可能产生如下心理
的同意程度：（1）认为该舞弊行为是完全不可接受的；（2）极度担心如果
举报了这个潜在的舞弊行为，可能会被舞弊者发现并企图报复；（3）指
望其他人来举报这个潜在的舞弊行为。所有的回答都记录在了七级李克
特量表上（1=完全不同意，7=完全同意）。为了与舞弊严重性和个人代
价的分数编制一致，对个人责任感认知（第三个问题）的回答进行了
反向分数编制。为了检验图 3-3 中的理论框架，作者使用 MPlus 软件进
行了路径分析。因为案例是基于前面所述的方差分析结果的重要因素，

所以作者针对虚构收入案例和虚构账项案例分别进行了路径分析，分析结果见图3-4和表3-5。正如表3-5所阐述的，在每个案例中，模型都与数据很吻合（案例A：$\chi^2=12.80$，CFI=0.94，RMSEA=0.06，SRMR=0.04；案例B：$\chi^2=17.98$，CFI=0.94，RMSEA=0.08，SRMR=0.05）。通过图表可以观察到责任感认知和个人举报代价认知在影响机制中所产生的中介作用。具体来说，旁观者的存在通过降低个人责任感而降低了举报意愿。同样地，一个有权力的舞弊行为人会通过增加个人代价感知来降低员工的举报意愿。仿照Preacher and Hayes（2008），针对每一个案例进行了多重中介效应分析（见表3-6和表3-7），以进一步证明中介作用①。

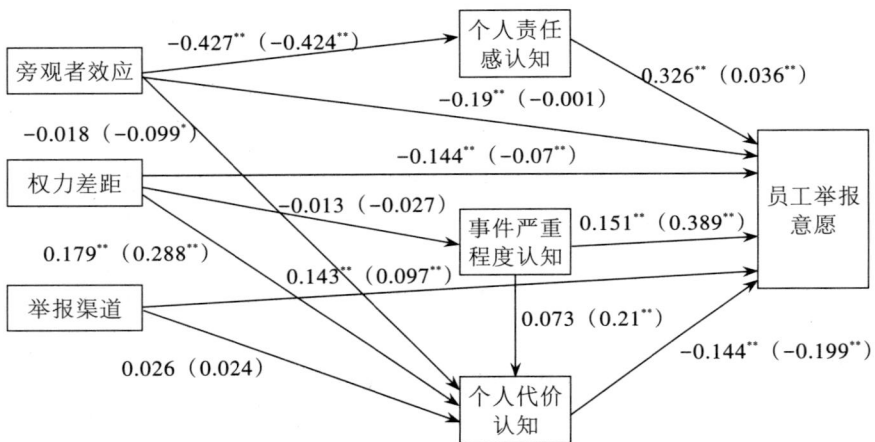

**图3-4 行为实验1的模型检验结果**

注：

图中包含两个案例的结果，括号内为案例B（虚构账项案例）的作用系数，\*\* p <0.01，\* p<0.05。

变量编码准则：

举报渠道：1=企业内部审计部门，2=独立第三方；

旁观者效应：1=没有旁观者，2=有旁观者；

权力差距：1=权力差距小，2=权力差距大。

---

① 具体说明和检验单个多中介量模型而不是多个单中介量模型的优点是：（1）可以在模型中其他中介量存在的条件下，确定某个特定中介量的重要性；（2）可以将多个中介量包含在一个模型中，以进行竞争理论检验；（3）在单个多中介量模型中，由于省略了一些变量而导致参数出现偏差的概率会降低（Preacher and Hayes，2008）。

表 3-5                                 模型的拟合度分析

| 案例 | $\chi^2$ | p | CFI (0.9~0.95) | RMSEA ($\leq 0.08$) | SRMR ($\leq 0.06$) |
|---|---|---|---|---|---|
| 虚构收入案例（案例 A） | 12.80 | 0.05 | 0.94 | 0.06 | 0.04 |
| 虚构账项案例（案例 B） | 17.98 | 0.01 | 0.94 | 0.08 | 0.05 |

### 3）旁观者效应、个人代价认知、个人责任感认知和举报意愿

作者预计旁观者效应会通过增加个人代价认知和减少个人责任感认知来降低参与者的举报意愿，在本部分中提出的中介因素包括个人代价认知和个人责任感认知。

在虚构收入案例中（案例 A，见表 3-6 Panel A），作者发现总的间接效应在统计上是显著的（Z=-4.303，p=0.000），尽管有显著的总间接效应并不是研究特定间接效应的必要条件。在正态呈现下，个人责任感认知的单独间接效应是显著的（Z=-4.422，p=0.000）。间接效应的正态理论测试使用 delta 方法计算标准误差，该方法假设间接效应的估计值是正态分布的。为了放宽这一假设，作者还报告了自举检验结果，这些结果表明只有个人责任感认知是中介因素，因为其 95% 的置信区间内不包含零（-9.150 到-3.718）。然而，个人代价认知并没有显著调节旁观者对参与者举报意愿的影响。

表 3-6                           中介效应分析（虚构收入案例）

Panel A：旁观者效应对举报意愿的影响

a. Normal Theory Tests for Indirect Effects

|  | Effect | SE | Z | p |
|---|---|---|---|---|
| 总和 | -6.275 | 1.458 | -4.303 | 0.000 |
| 个人代价认知 | -0.177 | 0.393 | -0.451 | 0.652 |
| 个人责任感认知 | -6.097 | 1.379 | -4.422 | 0.000 |

b. Bias Corrected and Accelerated Confidence Intervals

|  | Lower | Upper |
|---|---|---|
| 总和 | -9.506 | -3.583 |
| 个人代价认知 | -1.153 | 0.542 |
| 个人责任感认知 | -9.150 | -3.718 |

Panel B：权力差距对举报意愿的影响

a. Normal Theory Tests for Indirect Effects

|  | Effect | SE | Z | p |
|---|---|---|---|---|
| 总和 | −1.486 | 0.764 | −1.946 | 0.052 |
| 个人代价认知 | −1.393 | 0.643 | −2.167 | 0.030 |
| 事件严重性认知 | −0.093 | 0.447 | −0.208 | 0.835 |

b. Bias Corrected and Accelerated Confidence Intervals

|  | Lower | Upper |
|---|---|---|
| 总和 | −3.384 | −0.074 |
| 个人代价认知 | −3.583 | −0.434 |
| 事件严重性认知 | −1.240 | 0.837 |

Panel C：渠道管理对举报意愿的影响

a. Normal Theory Tests for Indirect Effects

|  | Effect | SE | Z | p |
|---|---|---|---|---|
| 总和 | −0.201 | 0.516 | −0.390 | 0.697 |
| 个人代价认知 | −0.201 | 0.516 | −0.390 | 0.697 |

b. Bias Corrected and Accelerated Confidence Intervals

|  | Lower | Upper |
|---|---|---|
| 总和 | −1.645 | 0.709 |
| 个人代价认知 | −1.645 | 0.709 |

类似地，在虚构账项案例（案例B）中，如表3-7 Panel A中所示，总的间接效应在统计上是显著的（Z=−4.454，p=0.000）。在所提出的两个中介量中，只有个人责任感认知在统计上是显著的（Z=−5.130，p=0.000）。自举测试的结果表现出了相同的模式，即个人责任感认知是一个重要的中介量，因为它的95%的置信区间内不包含零（−11.631到−5.147）。总结以上结果，个人代价认知并没有显著中介旁观者对参与者举报意愿的影响，但是个人责任感认知的中介作用得到了验证。

表 3-7                                    中介效应分析（虚构账项案例）

**Panel A：旁观者效应对举报意愿的影响**

a. Normal Theory Tests for Indirect Effects

|  | Effect | SE | Z | p |
|---|---|---|---|---|
| 总和 | −7.642 | 1.716 | −4.454 | 0.000 |
| 个人代价认知 | 0.630 | 0.446 | 1.413 | 0.158 |
| 个人责任感认知 | −8.272 | 1.613 | −5.130 | 0.000 |

b. Bias Corrected and Accelerated Confidence Intervals

|  | Lower | Upper |
|---|---|---|
| 总和 | −11.362 | −4.127 |
| 个人代价认知 | −0.021 | 1.857 |
| 个人责任感认知 | −11.631 | −5.147 |

**Panel B：权力差距对举报意愿的影响**

a. Normal Theory Tests for Indirect Effects

|  | Effect | SE | Z | p |
|---|---|---|---|---|
| 总和 | −2.845 | 1.415 | −2.011 | 0.044 |
| 个人代价认知 | −2.273 | 0.843 | −2.700 | 0.007 |
| 事件严重性认知 | −0.572 | 1.272 | −0.450 | 0.653 |

b. Bias Corrected and Accelerated Confidence Intervals

|  | Lower | Upper |
|---|---|---|
| 总和 | −5.804 | −0.371 |
| 个人代价认知 | −4.224 | −0.877 |
| 事件严重性认知 | −3.309 | 1.847 |

**Panel C：举报渠道对举报意愿的影响**

a. Normal Theory Tests for Indirect Effects

|  | Effect | SE | Z | p |
|---|---|---|---|---|
| 总和 | −0.190 | 0.415 | −0.459 | 0.646 |
| 个人代价认知 | −0.190 | 0.415 | −0.459 | 0.646 |

b. Bias Corrected and Accelerated Confidence Intervals

|  | Lower | Upper |
|---|---|---|
| 总和 | −1.455 | 0.558 |
| 个人代价认知 | −1.455 | 0.558 |

## 4）舞弊者的权力差距、感知到的个人代价、感知到的严重性和举报意愿

根据图3-3，作者预测舞弊者与举报人的权力差距将通过影响个人代价认知和舞弊行为严重性认知而影响参与者的举报意愿。通过重复了上一部分中的步骤，在虚构收入案例（案例A）中，如表3-6 Panel B所示，总的间接效应在统计上是显著的（Z=-1.946，p=0.052）。结果还表明，个人代价认知的单独间接效应是显著的（Z=-2.167，p=0.030）。自举检验表明，只有个人代价认知是一个有意义的中介量，因为其95%的置信区间内不含有零（-3.583到-0.434）。类似地，在虚构账项的案例中（案例B，见表3-7 Panel B），总的间接效应在统计上是显著的（Z=-2.011，p=0.044）。在两个所提出的中介量中，只有个人代价认知在统计上是显著的（Z=-2.700，p=0.007）。同样，自举检验的结果表明，只有个人代价认知是重要的中介量，因为其95%的置信区间内不包含零（-4.224到-0.877）。

总结来说，对于舞弊行为严重性的认知并没有显著地中介舞弊者举报人权力差距对实验参与者举报意愿的影响。这与以往的诸如Kaplan and Whitecotton（2001）以及Schultz et al.（1993）通过一些美国参与者得到的发现相一致。然而，研究结果确实证明了个人代价认知在舞弊者的权力差距和参与者的举报意愿之间起着重要的中介作用。

## 5）举报渠道、感知到的个人代价、举报意愿

作者接下来研究了个人代价认知是否可以中介举报渠道管理对参与者举报意愿的影响。在虚构收入案例（即案例A）中，个人代价认知这个中介量在统计上不显著（Z=-0.390，p=0.697，见表3-6 Panel C）。自举检验的结果还表明，个人代价认知不是一个重要的中介量，因为其95%的置信区间内包含零（-1.645到0.709）。因此，在虚构收入案例（即案例A）中，个人代价认知的中介作用没有得到证实。

在虚构账项的案例（即案例B）中重复了同样的步骤，得到的结果与在虚构收入案例中得到的结果相似。具体来说，个人代价认知的间接影响并不显著（z=-0.459，p=0.646）。另外，其95%的置信区间内包含零（-1.455到0.558）。因此，个人代价认知并没有对举报渠道管理影响参与

者举报意愿起到显著的中介作用。

## 3.5 ——————————————— 研究结论 ———————————————

以往针对举报渠道、旁观者效应、权力差距如何影响员工举报意愿的研究并不充分，不仅在结果上存在不一致的情况，而且缺乏深入探讨影响路径以及交互效应的相关证据。作者通过采用行为实验的方法，招募 369 名有一定工作经验的美国学生承担公司普通员工的角色，模拟员工发现公司舞弊行为（虚构收入和虚构账项）后是否决定举报这个舞弊行为，即成为"吹哨人"。在舞弊案例中，作者操纵改变了公司举报渠道（内部管理或独立的第三方管理）、是否有旁观者存在（是或否）、舞弊者与举报者的权力差距（差距大或差距小），观测并检验在不同情况下员工的举报意愿是否有变化。

研究结果表明，与内部管理的举报渠道相比，外部管理的举报渠道可以提高员工的举报意愿，举报者与舞弊者的权力差距会有负面效应，另外举报渠道的管理对于其他两种环境因素能起到一定的调节作用，具体来说，当举报渠道由内部管理时，有其他旁观者在场时比没有其他旁观者在场时，潜在举报人的举报意愿明显降低。相反，当举报渠道由第三方外部管理时，举报意愿在两种情况下没有明显差异。另外还发现，当舞弊行为者是其主管人员而不是其同层次同事时，员工的举报意愿明显降低；即使使用外部管理的举报渠道，这种影响也没有得到明显减弱。

研究结果的启示和意义体现在学术和实务两个方面：第一，拓展了有关舞弊举报、道德伦理方面的相关文献，通过进一步研究与以往结论不一致的相关问题，为旁观者效应和举报渠道管理的作用补充了证据；同时为在财务会计领域引入社会学、心理学的理论，为交叉学科融合发展提供借鉴的基础。第二，本研究成果为公司管理层建立相关舞弊举报制度、加大力度培训员工和监管层、进一步完善企业内部控制制度规范提供了一些依据和建议。

# 第 4 章

# 行为实验 2

**4.1** ——————————— 引 言 ———————————

为鼓励组织内的举报行为并达到《萨班斯-奥克斯利法案》的要求，企业组织应制定强有力的制度来激励员工积极地进行检举揭发。许多研究表明，公司所制定的这些制度或者行为准则并没有达到预期的效果，即这些政策在激励员工举报行为的方面存在不足（Barnett et al.，1996；Berry，2004；Dworkin，2007；Dworkin and Brown，2013；Dyck et al.，2010；Erwin，2011；Somers，2001）。针对以上现象，一种可能的解释就是管理层的行为正直性较低或不明朗，导致员工并不信任这些制度或者行为准则，并且怀疑这些制度或者行为准则的可信度。Simons（2002）将行为正直性（BI）定义为"行为者言行一致的感知模式"，它包括所信奉的价值观与所施行的价值观之间的契合感知，也包括对坚守承诺的感知。在目前的情境下，公司道德规范中所描述的规则和行为可被视为管理层的"言"，管理层的行为与其"言"相符相称的程度决定了其行为正直性的感知程度。

本章将采用行为实验的方法，利用美国样本重点研究组织的行为正直性是否会影响员工举报舞弊的行为，进一步研究行为正直性对于旁观者效应、举报渠道管理的调节作用，深入分析其作用机制。实验结果表明，管理层行为的正直性确实能够积极地影响员工对于公司举报方面的文化的感知，正向影响普通员工在发现舞弊行为时的举报意愿。另外，当管理层的行为正直性较高（较低）时，如果举报渠道是由内部管理的，那么举报的可能性明显比由外部管理时高（低）；针对举报渠道和行为正直性对举报意愿的共同影响所进行的补充分析证明了匿名感知的中介作用。另外，如果行为正直性较高（低），当有旁观者知道潜在举报人了解舞弊行为时，相对于旁观者不知道的情况，那么潜在举报人对舞弊行为进行举报的可能性较大（较小）。其他分析表明，评价顾虑可以作为旁观者知晓度和行为正直性对举报意愿的共同影响的中介。

　　本章可能的研究贡献包括以下三个方面：第一，在财务会计领域引入了行为正直性的概念。作者检验了组织的行为正直性与员工举报舞弊行为的关系。现有有关行为正直性影响的讨论都集中在管理学领域，而作者将关注点放在财务舞弊的情境下普通员工如何反映上，并且进一步讨论与现有组织环境因素的交互作用，为其在财务会计领域的应用提供了新的经验证据，丰富了行为正直性的相关文献。第二，深入分析了旁观者效应的作用机制。作者深入讨论了旁观者效应与组织行为正直性的交互作用。现有与旁观者效应有关的研究主要关注两个作用机制，即"社会影响程度"和"责任分散"，很少讨论第三个作用路径，即"评价顾虑"。作者通过操纵旁观者知晓程度来构建高评价顾虑和低评价顾虑情况，细化了旁观者效应，另外检验了组织的行为正直性对于评价顾虑的影响作用，丰富了相关的心理学文献。第三，证明了组织行为正直性在公司治理中所发挥的作用。其研究结果为管理者重视行为正直性和优化管理模式提供了理论支持。

　　本章的其他部分安排如下：第二部分回顾文献并提出假设，第三部分描述研究设计，包括样本选择、变量界定和实验流程，第四部分为实验结果分析，第五部分考察影响路径，最后得出结论和启示。

## 4.2 ——————————— 假设的提出 ———————————

### 4.2.1　有关行为正直性的假设

为鼓励组织内的举报行为并达到《萨班斯-奥克斯利法案》的要求，组织应制定强有力的政策来激励员工积极地进行检举揭发，这些政策可包括："明确的声明"，即了解有潜在舞弊行为的员工有责任披露该信息；"保证"，即对那些信用良好、向指定方披露感知到的舞弊行为的员工给予保护，避免对其工作带来不利影响；制定公平公正的调查程序（参见Erwin，2011；Ravishankar，2003）。先前的文献（如 Somers，2001）表明，在21世纪初已有四分之三的美国公司实施了正式的道德规范；由于立法和体制方面的强制要求，近几年这一比率很有可能会明显提高（如SOX，2002）。

许多研究表明，单纯地制定标准或行为准则不足以激发员工的举报行为（Barnett et al.，1996；Berry，2004；Dworkin，2007；Dworkin and Brown，2013；Dyck et al.，2010；Erwin，2011；Somers，2001），它只会是"一纸空文"，因为员工可能会怀疑这些标准或政策的可信度。例如，Somers（2001）发现，公司道德规范的存在及自身对职业准则的熟悉并不会对员工是否决定举报其在组织内发现的不道德活动产生影响。类似地，Dineen et al.（2006）发现，只进行政策上的引导并不能显著地改进员工的组织公民行为。这些现象的出现有可能是因为这些道德规范不起作用，从员工的角度判断得出管理层的行为正直性较低或不明朗，多是由于管理层经常出现言行不一致的情形。

Simons（2002）将行为正直性（BI）定义为"行为者言行一致的感知模式"，它包括所信奉的价值观与所施行的价值观之间的契合感知，也包括对坚守承诺的感知。在进行举报的情境下，公司道德规范中所描述的规则和政策可被视为管理层的"言"，管理层的行为与其"言"相符相称的程度决定了其行为正直性的感知程度。管理层的"言""行"不一致会导致员工对道德准则的"视而不见",从而无法正面影响员工的举报行为。无论是从理论上还是从经验研究上来看,行为正直性已被确立为组织行为研究中的重要焦点,许多研究已对其与其他组织行为的关联性进行了检验。

对于管理层行为正直性与员工举报舞弊行为的特殊关系,以往研究表明,员工对较高行为正直性的认知会提高组织公民行为的水平,同时对舞弊行为有一定抑制和警示作用,例如,Dineen et al.(2006)发现监督指导工作与员工组织公民行为之间的关系取决于监管者所表现出来的行为正直性水平;Leroy et al.(2012b)在医院护士举报医疗事故的情境下发现了相似的情况。之后的两项研究(Taylor and Curtis,2013;Zhang et al.,2013)发现,管理层对以前举报的处理情况(即管理层行为)在影响后来的舞弊举报意愿方面起到了重要作用。具体来讲,Taylor and Curtis(2013)发现,当认识到组织对以前的举报没有反应时,审计人员对上级的可疑行为进行汇报的可能性要比汇报其同等级人员可疑行为的可能性要小;同样,在 Zhang et al.(2013)的研究中,以前的举报处理结果对举报人产生了负面影响时,其参与者更愿意通过外部管理的渠道进行举报,而不是选择内部渠道来举报。这些研究共同表明,与公司纸面上的规定相比,管理层的行为(即对以前举报所表现出来的回应)非常重要,两者的一致性会直接影响员工行为,因此在公司舞弊和员工举报的情境下,管理层的行为正直性是重要的组织基础,它由组织的举报政策和针对举报的实际措施来决定。

在当前情境下,"言行不一"会让员工认为管理层不可靠或不值得信赖[①],特别体现在保护举报人及其匿名性方面;重要的是,这种一致性能达到何种程度,也向员工传达了组织有关"吹哨人"行为的企业文化。例如,根据 Bandura(1977)的著作以及 Dineen et al.(2006)的研究,可以认为"就监管者的行为与其制定的原则保持一致的程度而言,监管者的实际行为是另一种环境影响,这种影响使原本适当的职场行为规范更加卓越"。因此,员工对舞弊行为的举报意愿会受管理层对待举报行为时的行

51

---

[①] 在供应链会计背景下,Free(2008)指出,"信任不仅被视为一种重要的协调机制,还越来越多地被视为在复杂的商业环境中提高绩效和竞争成功的先决条件"。

为正直性的影响，尤其是对于在组织中处于较低层次的普通员工而言，这种影响会更明显。如果管理层的行为与"行为准则"中规定的公司举报政策保持一致，那么管理层将具有较高的可信度（Davis and Rothstein，2006；Palanski et al.，2011），组织在举报行为方面的文化和价值观也会对员工产生较深的影响力（Dineen et al.，2006）。通过这样的企业文化信息影响，员工会相信相关规定并认为进行举报是对的，是被管理层和同事们所接受的；同时，他们相信自己成为"吹哨人"之后也基本不会遭受打击报复，而他们的"吹哨人行为"很有可能会对公司产生好的影响（Zhang et al.，2009）。在这种情况下，相比管理层行为正直性较低的情形，管理层较高的行为正直性会提高员工的举报意愿。基于上述内容，作者推测如下：

H1：与管理层的行为正直性较低时相比，当行为正直性较高时，员工的举报意愿会更强。

52

### 4.2.2　有关举报渠道与行为正直性的交互效应假设

专业组织（例如，ACFE，2005；The Network，2006）表示，与组织内部管理的举报系统（例如人力资源部或内部审计部）相比，由独立第三方管理的热线代表了强有力的程序保障并具有很多优势。其中的一项重要优势就是独立第三方可以为举报人的匿名性提供更有力的保护，因为在大多数情况下，它由专业人员操作，他们的运营地点在地理位置上远离举报人所在的组织。众所周知，舞弊举报人的匿名性很重要，因为在匿名性得以保证的前提下，举报人遭受打击报复的可能性会显著降低，而是否会受到打击报复是潜在举报人最关心和在意的因素之一（Mesmer-Magnus and Viswesvaran，2005；Miceli et al.，2008）。如前文所述，公司对于举报渠道的选择有所不同，出于对公司诉讼可能和声誉维护的考虑，他们更希望员工通过内部管理而不是外部管理的举报渠道来进行检举揭发（Berry，2004; Brink et al.，2013; Davidson and Worrell，1988; Laczniak and Murphy，1991）。

在本章的研究中，作者认为举报渠道管理（内部与外部）对举报意愿的影响可以通过组织在举报方面的行为正直性来调节。其影响过程如下：

当管理层行为正直性较高时，相对于较低的行为正直性，由独立第三方管理举报渠道相对于内部举报渠道的优势会不那么明显，这里的优势主要是指对于举报人匿名性的保护；当行为正直性较高，且举报渠道由内部管理时，员工有充分的理由相信举报人的匿名性会得到保护；当举报渠道由外部管理时，管理层的行为正直性就显得不那么重要了，因为外部管理方已向举报人提供了匿名保护保证。因此，当管理层行为正直性较高时，独立第三方管理的举报渠道对于举报人匿名性感知的积极影响就不会那么显著了。因此，第二个假设陈述如下：

H2：与管理层的行为正直性较高的情况相比，当管理层行为正直性较低时，独立第三方所管理的举报渠道会对员工举报意愿产生更积极的影响。

### 4.2.3　有关旁观者效应与行为正直性的假设

当有其他人在场时，旁观者不太可能介入举报行为，这时就产生了旁观者效应。Latané and Darley（1968，1970）提出推动旁观者效应的三个因素："社会影响"，它反映了旁观者受他人对紧急情况严重性和反应适当性定义的言论影响；"责任分散"，它反映了旁观者认识到其他人也目击了紧急事件，而作为个体不会单独承担责任；"评价顾虑"，则是指旁观者关心他人对其行为的期望和评价并希望这些评价是最好的。之后，Schwartz and Gottlieb（1980）提出，旁观者察觉潜在举报人的存在可能会通过影响举报人的评价顾虑而抑制其"帮助"行为，当然也有可能促进其"帮助"行为。

尽管早期研究的结果与发现已很全面、充分（Latané and Darley，1968，1970），但后来的一些研究（Gao et al.，2015；Miceli et al.，2008；Robinson et al.，2012）证实，旁观者效应的产生是有一定条件的（Manning et al.，2007）。Robinson et al.（2012）发现，与普遍预期的旁观者效应相反，随着工作组规模的缩小，举报实际上不太可能发生。Miceli et al.（2008）也提出在商业环境下旁观者效应可能不会发生，因为举报公司舞弊行为和举报犯罪现场不同，公司舞弊行为举报人通常比犯罪行为目击人有更多的考虑时间。

### 如何鼓励员工成为"吹哨人"

在近期的一项研究中，Gao et al.（2015）研究了两个案例，一个案例中发现了旁观者效应，另外一个案例则恰恰相反。结果的不一致性可能归因于两个案例情况下旁观者意识的差异，即旁观者是否意识到潜在举报人的存在。在其中一个案例中，潜在举报人对其他旁观者来说完全是匿名的，而在另一个案例中，其他旁观者意识到潜在举报人了解舞弊行为。Gao et al.（2015）意外地发现其他旁观者的存在对后一案例情况下的举报意愿有积极影响，那么旁观者效应的缺失可以通过评价顾虑的概念进行解释（Schwartz and Gottlieb，1976，1980），这与其他人是否知道潜在举报人在场（即潜在举报人针对其他旁观者来说是否匿名）是息息相关的。

在本章的研究中，作者将检验当其他旁观者知道潜在举报人了解舞弊行为时，其行为正直性是如何通过影响评价顾虑而影响潜在举报人的举报意愿的。下面，作者将先对评价顾虑的产生过程进行描述，之后将讨论管理层行为正直性如何调节以上影响，进而影响旁观者对举报意愿的认知。

如果个人处于其他旁观者的观察中，那么当他的行为不符合其他旁观者的预期时，他便会担心其他旁观者对自己评价的好坏，在这种情况下则会产生"评价顾虑"。如果没有与自己想法相反的暗示，旁观者多会认为，在其他目击者看来进行介入是适当的（Bickman，1971；Schwartz and Gottlieb，1976），同时他们会因此对好意进行"帮助"这类行为做出积极评价。在这种情况下，与旁观者没有意识到不法行为相比，旁观者意识到潜在举报人的存在更有利于"帮助"行为的发生。例如，与非危险情况相比，在危急情况下提供"帮助"的行为会被认为是恰当的举止（Harari et al.，1985；Fischer et al.，2006；Schwartz and Gottlieb，1976），同时旁观者效应实际上已经减弱。与之相反，当有情况暗示其他目击者认为干预是不妥当的，那么有其他旁观者"知晓"潜在举报人的存在会抑制其"帮助"行为（Beaman et al.，1973；Latané and Barley，1976）。

总而言之，根据评价顾虑理论及其对个人意愿的影响，不能简单地判定旁观者效应是否会发生，还需要进一步讨论其他旁观者是否知晓潜在举报人的存在，因为这种"知晓"可能会增强或抑制"帮助"行为，这取决于在其他旁观者看来什么样的行为才是合适的（Schwartz and Gottlieb，1976）。在当前舞弊举报的情境下，如果潜在举报人认为其他旁观者（即同事）认为举报是一种适当的行为，"旁观者知晓"会增强潜在举报人举报可疑行为的意愿；相反，如果潜在举报人认为在其他旁观者看来，举报是一种不恰当的、被否定的行为，那么旁观者意识将抑制潜在举报人举报可疑行为的意愿。

至于潜在举报人对他人期望的感知受管理层对待举报行为方面的行为正直性的影响，如前所述，当行为正直性较高时，它会使员工明白他们的同事和整个组织都认为举报行为是恰当的、是符合大家期望的。为了减轻评价顾虑，当其他旁观者知道潜在举报者了解舞弊行为时，与没有人知道时相比，潜在举报者会更有可能进行举报；相反，如果行为正直性较低，员工会不清楚举报是否合适或是否符合大家的期望。相关假设如下：

H3：当管理层的行为正直性较高（较低）时，旁观者知晓潜在举报人的存在会提高（降低）员工的举报意愿。

## 4.3　研究设计　　　　　　　　　　　　　　　55

### 4.3.1　实验设计

作者进行了 2（行为的正直性：低与高）×2（举报渠道管理：外部与内部）×2（旁观者的知晓：知晓举报人存在与未知晓举报人存在）的组间实验。与参与者组内实验设计相比，组间实验设计不太可能产生需求效应。通过随机分配参与者，用产生的 8 个实验情境中的一个对其进行测试。

### 4.3.2　实验参与者

美国一所公立大学的 160 名商科学生参与了这项研究。Seifert and Stammerjohan（2008）认为，本科生代表着公司的普通员工，由于《萨班斯–奥克斯利法案》和《多德–弗兰克法案》的影响，他们应该拥有比他们的前辈更多的机会来接触举报机制。实验的参与是完全自愿的，学生们可以得到额外的学分奖励。参与者的平均年龄为 20.05 岁（标准差=1.13），其中48%是男生，超过87%的参与者自称有工作经验；他们的平均工作年限为2.87年（标准差=1.33）。各个实验组在这些人口统计信息方面没有显著差异（p > 0.10）。

### 4.3.3　实验任务

与行为实验1相类似，实验材料提供了一家虚构公司——高能公司的相关信息。作者通过摘录此公司的《商业行为准则》向参与者传递了管理层的"话语"，该准则鼓励员工通过可用的匿名举报渠道进行举报，并强调绝不容忍报复行为，这是为了模拟公司通常是如何履行《萨班斯-奥克斯利法案》所规定的义务的。同时，实验材料还给出了有关管理层"行为"方面的信息，描述了他们在实践中是如何对待举报人的，员工通过对比管理层的"言"与"行"，可以推断出他们行为的正直性。

每个参与者接下来都被要求阅读一个案例，该案例描述了一名高能公司的员工在发现了一个舞弊行为后面临着是否进行举报的选择。为保持一致、排除干扰，在各实验场景下舞弊者都被设定为潜在举报人的主管。在本实验中，作者主要操纵了举报渠道管理和旁观者是否知晓潜在举报人的存在。阅读完案例后，要求参与者指出潜在的举报人拨打热线电话举报舞弊行为的可能性；随后，每一位实验参与者回答了一些旨在捕捉过程变量的问题、操控检查问题和人口统计信息问题。

### 4.3.4　自变量设计

#### 1）行为正直性

如前所述，每个参与者都从摘录的高能公司的《商业行为准则》中了解到管理层的"话语"，该准则鼓励公司员工通过匿名举报渠道对舞弊行为进行举报，并阐明了公司对报复行为零容忍的态度。我们描述了管理者之前在实践中是如何对待举报人的，提供了管理者"行为"方面的信息。作者利用这些信息来对管理层行为正直性进行操控。在"低"行为正直性的情况下，高能公司之前的行为与其行为准则不一致，其之前的行为包括披露举报人的身份，通过剥夺其晋升机会（如升职和加薪）来惩罚举报人，以及对其他员工的报复行为坐视不理；相反，在

"高"行为正直性的情况下，高能公司的行为与其行为准则一致，具体来说，公司保护了举报人的身份，惩罚了不法分子的不当行为，且没有对举报人进行后续报复。

**2）举报渠道管理**

和行为实验 1 一样，作者操控了举报渠道管理，具体内容如下：在"内部管理"条件下，参与者被告知高能公司的举报热线是公司的内部审计部门在运营；在"外部管理"条件下，参与者被告知举报热线是独立的第三方在运营。除此之外，举报热线的其他细节性信息完全相同（例如，在线时间为每天 24 小时，每周 7 天）。

**3）旁观者的意识**

所有实验场景中都是存在旁观者的情况。案例场景如下：一天深夜，潜在的举报人在办公室中无意间听到了主管和其同伙之间的电话交谈，内容涉及假供应商一事，因而发现了这个舞弊行为。在主管离开后，潜在的举报人还听到两名同事在另一个小隔间里也在讨论这一舞弊行为，这两名同事显然也无意中听到了电话交谈内容，并认为其中存在明显的舞弊行为。

作者改编了 Schwartz and Gottlieb（1980）的方法，在该案例场景中进一步操纵旁观者的意识变量（即其他旁观者是否察觉到了潜在举报人的存在）如下：在旁观者"知晓"的情况下，当潜在的举报人离开办公室时，这两位同事和他打招呼并祝他周末愉快。因此，这两名同事知道潜在的举报人也发现了这一舞弊行为。在旁观者"未知晓"的情况下，潜在的举报人从后门偷偷地溜出了办公室，他没有经过那两个同事所在的隔间，因此他认为没有人发现他当时在场并且听到了舞弊者的电话交谈内容。

## 4.3.5　因变量设计

主要因变量的测量方法与行为实验 1 的方法相同，即因变量是举报者拨打热线电话进行举报的意愿。参与者需要评估潜在举报人拨打热线举报舞弊行为的概率（从 0 到 100%）。先前的研究（Chun and Monroe，2003；Cohen et al.，1998，2001）表明行为意愿项在使用第一人称进行叙述时比使用第三人称进行叙述更有可能导致出现社会期望偏差。为避免这种偏差的出现，作者使用第三人称来叙述这个问题并要求参与者指出潜在的举报人举报舞弊行为的可能性。

## 4.4 ━━━━━━━━━━ 实验结果 ━━━━━━━━━━

### 4.4.1　操控检验

作者检查了参与者是否像所预期的那样理解实验材料中对管理者行为正直性的操纵。参与者需要填写一张标有 1（完全不同意）到 7（完全同意）的 7 分李克特量表，来表明他们对于高能公司公开的《商业行为准则》具有高可信度的同意程度。与"低"行为正直性情况下的参与者（平均值=4.00，SD=1.63）相比，"高"行为正直性情况下的参与者（平均值=5.32，SD=1.09）更为赞同高能公司的行为准则是可信的，且二者之间的差异显著（p<0.002）表明实验材料对于管理层行为正直性的操控是有效的。

此外，参与者还需要指出高能公司的员工可以使用哪种举报渠道举报可疑行为。他们要在两个选项中做出选择：使用高能公司内部审计部门运营的内部举报热线或由独立第三方公司运营的外部举报热线。针对这个问题有 11 名参与者回答错误。为了检查对旁观者知晓操纵的有效性，作者要求参与者指出潜在举报人是否认为其他员工知晓他的存在。有 16 名参与者答错了这一操控检查题。因此，作者合计排除了 22 名参与者（13%）的回答，因为他们答错了举报渠道管理操纵检验题和旁观者知晓操纵检验题中的一个，或者两题都答错了。①

作者还要求实验参与者填写另外一张 7 分李克特量表，来表明他们对以下情况的同意程度（1=完全不同意，7=完全同意）："几乎公司中的每个人都期望潜在的举报人举报潜在的舞弊行为。"与"低"行为正直性条件下的参与者（平均值=3.55，SD =1.51）相比，"高"行为正直性条件下的参与者（平均值=4.63，SD=1.24）更加赞成公司中几乎每个员工都期望

━━━━━━━━━━

① 有 5 名参与者两个问题都回答错误。若将这 22 名参与者的回答包括在数据分析中，得出的主要结果是类似的。

潜在的举报人举报潜在的舞弊行为。二者的差异在统计上是显著的（F = 20.6，P < 0.000）。

## 4.4.2　假设检验

H1. 第一个假设预测，如果管理层的行为正直性较高，那么个人举报舞弊行为的意愿将会更高。表 4-1 显示了行为正直性对举报意愿的显著影响（F（1，130）=41.876，p < 0.000）。具体来说，当管理层的行为正直性较高时，员工的举报意愿（平均值=60.44，SD=13.32）要明显高于（p<0.000）管理层行为正直性较低时的举报意愿（平均值=45.57，SD=14.61）。这些结果支持了假设 H1。

表 4-1　　方差分析：行为正直性、举报渠道、旁观者效应

| 变量 | SS | df | MS | F | p-value |
|---|---|---|---|---|---|
| 行为正直性 | 7 798.9 | 1 | 7 798.9 | 41.876 | 0.000 |
| 旁观者效应 | 0.536 | 1 | 0.536 | 0.003 | 0.957 |
| 举报渠道 | 22.90 | 1 | 22.90 | 0.123 | 0.726 |
| 旁观者效应×行为正直性 | 663.91 | 1 | 663.91 | 3.574 | 0.061 |
| 举报渠道×行为正直性 | 1 786.84 | 1 | 1 786.84 | 9.619 | 0.002 |
| 举报渠道×旁观者效应 | 33.30 | 1 | 33.30 | 0.179 | 0.673 |
| 举报渠道×旁观者效应×行为正直性 | 0.479 | 1 | 0.479 | 0.003 | 0.960 |
| Error | 24 148.6 | 130 | 185.76 | | |

注：R-square =0.295。

H2. 第二个假设预测管理层的行为正直性将会调节举报渠道管理对员工举报意愿的影响。具体来说，当行为正直性较低时，外部举报渠道相对于内部举报渠道的优势更明显。表 4-1 表明，所预期的交互作用是显著的（F（1，130）=9.619，p < 0.002）。为了理解这种交互作用的本质，作者还进行了比较检验。在表 4-2 和图 4-1 中，在"低"行为正直性的情况下，举报渠道外部管理条件下的举报意愿（平均值=49.44，SD =15.11）显著高于（p<0.008）内部管理举报渠道条件下的举报意愿（平均值=41.5，SD =13.05）。相反，在"高"行为正直性的情况下，举报渠道外部

管理条件下的举报意愿（平均值=57.43，SD =15.01）显著低于（p<0.031）举报渠道内部管理条件下的举报意愿（平均值=63.6，SD =10.55）。这些证据模式支持了假设H2。

表4-2　　　　　　**行为正直性和举报渠道对于举报意愿的影响**

Panel A：各组均值（SD）

| 行为正直性 | 举报渠道 | | 总和 |
|---|---|---|---|
| | 企业内部审计部门 | 独立第三方 | |
| 低 | 41.5（13.05）<br>N=34 | 49.44（15.11）<br>N=36 | 45.57（14.6）<br>N=70 |
| 高 | 63.6（10.55）<br>N =33 | 57.43（15.01）<br>N=35 | 60.44（13.31）<br>N=68 |
| 总和 | 52.39（16.24）<br>N=67 | 53.3（15.48）<br>N=71 | |

Panel B：组间比较

| Effect | | Mean Difference（a-b） | F | p-value |
|---|---|---|---|---|
| 举报渠道在行为正直性低的情况下 | 内部审计部门（a）-独立第三方（b） | -7.94 | 5.996 | 0.008 |
| 举报渠道在行为正直性高的情况下 | 内部审计部门（a）-独立第三方（b） | 6.17 | 3.53 | 0.031 |
| 行为正直性在企业内部审计部门管理举报渠道的情况下 | 低正直性（a）-高正直性（b） | -22.17 | 44.37 | 0.000 |
| 行为正直性在独立第三方管理举报渠道的情况下 | 低正直性（a）-高正直性（b） | -7.99 | 6.101 | 0.008 |

注：p值为单尾。

H3. 第三个假设主要预测管理层的行为正直性将会调节旁观者知晓对员工举报意愿的影响。具体来说，当行为正直性高时，旁观者知晓会对举报意愿产生更加积极的影响。表4-1中的结果表明，预计的交互作用是边际显著的（F（1，130）=3.574，p < 0.061）。为了理解这一交互作用的本

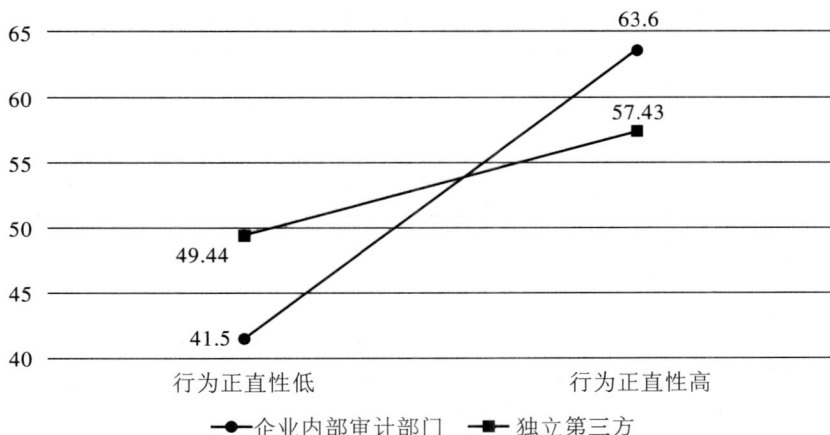

图 4-1　交互项图

质，作者进行了比较检验。如表 4-3 Panel A 和 Panel B 中所示，在"低"行为正直性的条件下，当其他旁观者不知道潜在举报人发现了舞弊行为时，参与者的举报意愿（平均值=47.56，SD =16.73）高于当旁观者知道他发现了舞弊行为时的举报意愿（平均值=43.3，SD =11.63）。这个差异是边际显著的（$p < 0.103$）；相反，在"高"行为正直性的条件下，当其他旁观者知道潜在举报人发现了舞弊行为时，举报意愿（平均值=62.5，SD =14.21）高于其他人不知道的情况下的举报意愿（平均值=58.12，SD= 12.03）。这个差异也是略微显著的（$p< 0.099$）。这些结果为假设 H3 提供了些许支持。交互项图如图 4-2 所示。

### 4.4.3　补充分析

#### 1）组织文化的中介作用

第一个假设预测行为正直性对举报意愿的影响是通过该组织与举报舞弊相关的公司文化来实现。为了检验这种可能性，作者让实验参与者填写了一张 7 分李克特量表（1=完全不同意，7 =完全同意），来表达他们对于"该公司的企业文化支持和鼓励举报行为"的同意程度。本研究通过使用 Preacher and Hayes（2004）所推荐的方法来检验组织文化的中介作用，结果表明，组织文化在行为正直性对举报意愿的影响中起中介作用。具体来说，正常理论测试（effect=-4.228，z=-2.39，p=0.016）和自举测试（修

表4-3　　　　　行为正直性和旁观者效应对于举报意愿的影响

Panel A：各组均值（SD）

| 行为正直性 | 旁观者效应 | | 总和 |
|---|---|---|---|
| | 知晓举报人 | 不知晓举报人 | |
| 低 | 43.3（11.63）<br>N=33 | 47.56（16.73）<br>N=37 | 45.57（14.6）<br>N=70 |
| 高 | 62.5（14.21）<br>N =36 | 58.12（12.03）<br>N =32 | 60.44（13.31）<br>N=68 |
| 总和 | 53.3（16.15）<br>N=69 | 52.5（15.56）<br>N=69 | |

Panel B：组间比较

| Effect | | Mean Difference<br>（a-b） | F | p-value |
|---|---|---|---|---|
| 旁观者效应在行为正直性低的情况下 | 知晓（a）<br>-不知晓（b） | -4.26 | 1.613 | 0.103 |
| 旁观者效应在行为正直性高的情况下 | 知晓（a）<br>-不知晓（b） | 4.38 | 1.673 | 0.099 |
| 行为正直性在知晓举报人的情况下 | 低正直性（a）<br>-高正直性（b） | -19.17 | 32.63 | 0.000 |
| 行为正直性在不知晓举报人的情况下 | 低正直性（a）<br>-高正直性（b） | -10.56 | 9.87 | 0.000 |

注：p值为单尾。

正偏差和加速置信区间内不包含零，CI下限=- 8.577，CI上限=-0.951）都表明，行为正直性通过组织文化而对举报意愿产生的间接影响是显著的。[1]

———————————

[1]　Baron 和 Kenny（1986）所提出的流程中的回归和 Sobel 测试也支持了组织文化的中介作用。

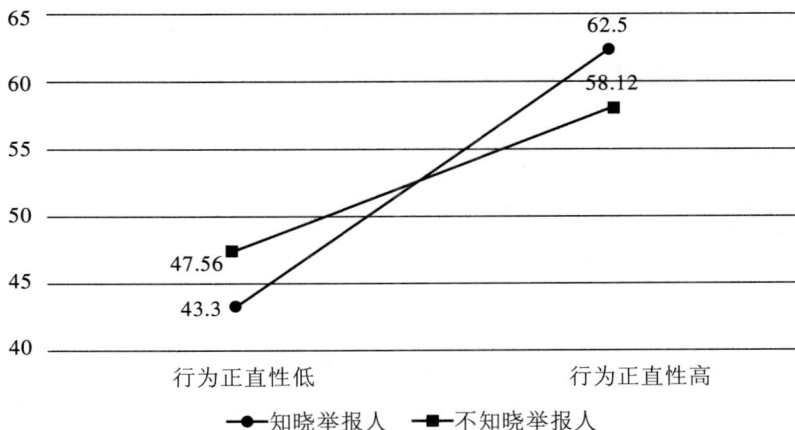

图 4-2　交互项图

**2）匿名方式的中介调节效应**

第二个假设的形成基础在于以下推测：行为正直性对举报渠道和举报意愿之间关系的调节效应是通过员工对匿名性的感知这个潜在机制来实现的。为了证明这一假设的有效性，作者进行了一次中介调节测试（Moderated Mediation Test）。

根据 Preacher、Rucker and Hayes（2007）的研究，"当某个间接效应的强度取决于某个变量的水平时，或者换句话说，当中介关系取决于某个调节因素的水平时，中介调节效应就会发生"。在本研究中，作者预计举报渠道（自变量）通过匿名性认知（中介变量）对举报意愿（因变量）产生的间接影响会受到行为正直性水平（调节变量）的调节。为了评估参与者对匿名性（中介变量）的认知，要求他们使用7分李克特量表（1=完全不自信，7=极其自信）来表明他们对于指定的举报热线能够保证他们的匿名性的自信程度，用参与者对这个问题的回答来测试匿名性认知的调节作用。

具体的中介调节模型如图4-3所示。它改编自 Hayes（2013）所提出的模型7。在这个模型中，行为正直性调节了举报渠道管理对匿名性认知的影响，这反过来又影响了举报意愿。正如假设 H2 的推论中所指出的，当管理层具有"高"行为正直性时，潜在的举报人会更加相信管理层能够保证他们的匿名性。感受到匿名性被保证应该会增加他们实施举报的可能性。在这种情况下，匿名性认知的中介作用会更加明显；相比之下，当管理层被认为具有较低的行为正直性时，潜在举报者将不确定管理层是否能够保证匿名性。由于对匿名性能否得到保证的不确定性，对员工举报意愿的影响将不太清楚，在这种情况下，预计匿名性认知的中介作用将不太明显。总之，作者推断举报渠道管理对员工举报意愿的间接影响会被管理层的行为正直性所调节，即当行为正直性较高时，调节作用会比行为正直性较低时更显著。

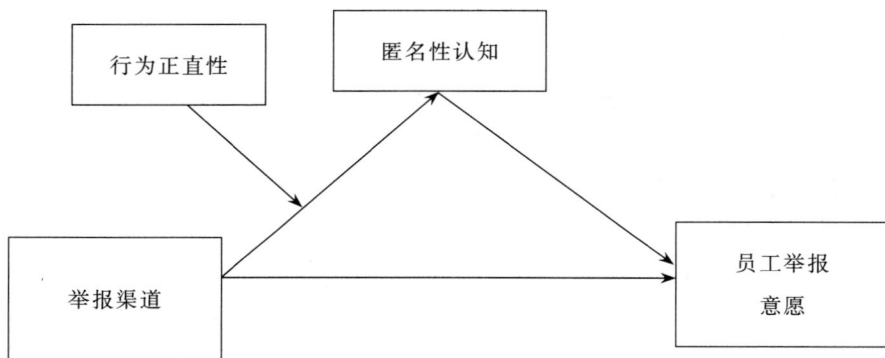

注：根据 Hayes（2013）Model 7 修正。

**图4-3　行为正直性在举报渠道影响中的中介调节作用**

按照 Preacher et al.（2007）所描述的流程，作者进一步测试了所估计的中介调节效应。结果（见表4-4）与预计的中介调节效果一致。如 Panel C 中所示，当行为正直性较高时，举报渠道管理的间接效应更强且更为显著：条件间接效应=1.08，95%的置信区间内不包含零（0.14到2.84），但是当行为正直性较低时，举报渠道管理的间接效应较弱且不显著：条件间接效应=0.96，95%的置信区间内包含零（-0.22到3.83）。然而，Panel D 显示，中介调节效应（指数=0.112）并不显著，因为其95%的置信区间内包含零（-1.962到1.938）。因此，尽管匿名性认知的中介效应在行为正直性高时比在行为正直性低时更强，但这种差异在统计上并不显著。

**3）评价顾虑的中介效应**

第三个假设的理论基础：基于行为正直性对旁观者知晓和举报意愿之间关系的调节作用是通过员工的评价顾虑这一潜在机制来实现的。为了证明这个假设的有效性，作者进行了一个类似于之前的中介调节测试，预计

表 4-4                           **举报渠道和行为正直性调节效应分析**

Panel A：模型（因变量：举报意愿）

| R | F | P | | |
|---|---|---|---|---|
| 0.18 | 2.26 | 0.10 | | |
| 模型 | 系数 | t | p | LOWER CI | UPPER CI |
| 匿名性认知 | 1.78 | 2.09 | 0.03 | 0.099 | 3.46 |
| 举报渠道 | −0.03 | −0.01 | 0.99 | −5.38 | 5.33 |

Panel B：举报渠道对于举报意愿的直接效应

| | effect | t | p | LOWER CI | UPPER CI |
|---|---|---|---|---|---|
| | −0.024 | −0.01 | 0.99 | −5.38 | 5.33 |

Panel C：中介调节效应分析

| 中介变量 | 行为正直性 | effect | LOWER CI | UPPER CI |
|---|---|---|---|---|
| 匿名性认知 | 1（正直性低） | 0.96 | −0.22 | 3.83 |
| 匿名性认知 | 2（正直性高） | 1.08 | 0.14 | 2.84 |

Panel D：中介调节效应指数

| 中介变量 | Index | SE（boot） | LOWER CI | UPPER CI |
|---|---|---|---|---|
| 匿名性认知 | 0.112 | 0.973 | −1.962 | 1.938 |

旁观者知晓（自变量）通过评价顾虑（中介变量）对举报意愿（因变量）产生的间接影响会受到行为正直性水平（调节变量）的调节。

在实验材料中，作者用两个问题衡量了评价顾虑（中介变量）。这些问题旨在捕捉潜在举报人对于其他旁观者会如何看待自己举报舞弊行为这一事件的担忧，参与者表明他们对于潜在举报人可能会非常担心以下情况的同意程度：（1）如果他举报了潜在的不当行为，他的同事会怎么看他；（2）如果他举报了潜在的不当行为，他的同事可能会发现并对他变得冷淡，通过将这两个问题的回答记录在 7 分李克特量表上（1=完全不同意，7=完全同意），作者发现两者之间显著相关（r =0.52，p < 0.001），并被合

并成一种对于评价顾虑的衡量变量。①

具体的中介调节模型如图4-4所示。它改编自Hayes（2013）所提出的模型14。在这个模型中，旁观者知晓会持续影响评价顾虑，然而行为正直性调节评价顾虑对举报意愿的影响方向。正如假设H2的推论所指出的，当管理层被认为具有较高的行为正直性时，潜在的举报人会认为举报行为是被期望和认可的。因此，当行为正直性较高时，评价顾虑会增加举报的可能性；相比之下，当管理层被认为行为正直性较低时，员工不清楚举报行为是否是合适的或被期望的，由此评价顾虑对举报的可能性的影响可能是负面的或不显著的。因此，旁观者知晓对员工举报意愿的间接影响会被管理层的行为正直性所调节。

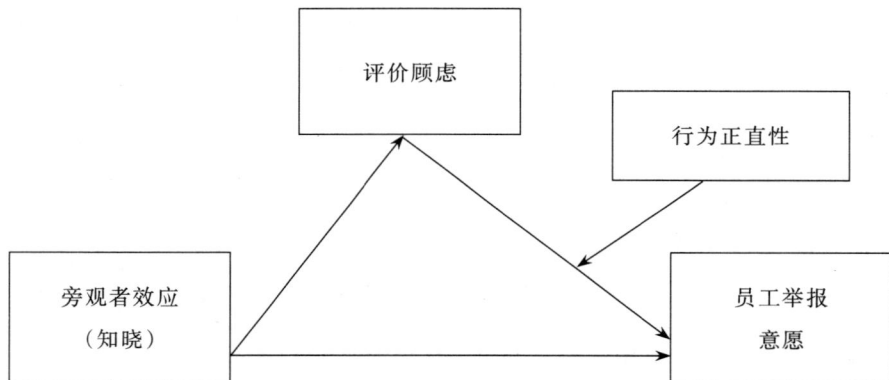

注：根据Hayes（2013）Model 14修正。

**图4-4　行为正直性在旁观者效应影响中的中介调节作用**

表4-5显示了中介调节分析的结果。如Panel C中所示，在高行为正直性的条件下，旁观者知晓的间接效应显著：条件间接效应=−3.513，95%的置信区间内不包含零（−7.770到−0.526）；但在低行为正直性的条件下，间接效应不显著：条件间接效应=1.127，95%的置信区间内包含零（−1.485到4.527）。表4-5的Panel D还显示，中介调节作用（指数=−4.640）是显著的，因为其95%的置信区间内不包含零（−9.957至−0.702），这种结果模式与所预计的中介调节效应是一致的。

---

① 根据KMO和Bartlett的测试，这两个问题的回答适用于因子分析（相关性=0.52，p < 0.000，KMO =0.6，Bartlett球度测试 p =0.000 < 0.001）。此外，这两个问题加载在同一个公共因子上（因子载荷同为0.849，方差百分比=72.2%，初始特征值> 1）。

表 4-5　　　　　　旁观者效应和行为正直性调节效应分析

**Panel A：模型（因变量：举报意愿）**

| R | F | P | | |
|---|---|---|---|---|
| 0.50 | 27.4 | 0.000 | | |
| 模型 | 系数 | t | p | LOWER CI | Upper CI |
| 评价顾虑 | −2.47 | −1.89 | 0.06 | −5.046 | 0.102 |
| 旁观者效应 | 0.61 | 0.23 | 0.81 | −4.538 | 5.763 |
| 行为正直性 | 0.257 | 0.038 | 0.969 | −13.168 | 13.683 |
| 行为正直性×评价顾虑 | 1.989 | 2.359 | 0.019 | 0.321 | 3.656 |

**Panel B：旁观者效应对于举报意愿的直接影响**

| | effect | t | p | LOWER CI | UPPER CI |
|---|---|---|---|---|---|
| | 0.612 | 0.235 | 0.815 | −4.538 | 5.763 |

**Panel C：中介调节效应分析**

| 中介变量 | 行为正直性 | effect | LOWER CI | UPPER CI |
|---|---|---|---|---|
| 评价顾虑 | 1（低） | 1.127 | −1.485 | 4.527 |
| 评价顾虑 | 2（高） | −3.513 | −7.770 | −0.526 |

**Panel D：中介调节效应指数**

| 中介变量 | Index | SE（Boot） | LOWER CI | UPPER CI |
|---|---|---|---|---|
| 评价顾虑 | −4.640 | 2.351 | −9.957 | −0.702 |

## 4.5　　　研究结论

　　公司舞弊问题既是投资人和债权人关注的焦点，也是理论界的热点问题之一，它不仅给投资者带来了巨大的风险，破坏了证券市场的公平和秩序，是资本市场的顽疾之一，而且给整个社会经济环境都带来严重的负面影响。从理论上来说，审计、证券市场监管机构应该是传统会计舞弊的揭发者，然而事实证明它们并没有构成会计舞弊揭发的主体，而企业内部员工却占了相当大的比例，另外还有大多数的员工发现了舞弊行为却选择了沉默。从前期的《萨班斯-奥克斯利法案》到近期的《多德-弗兰克法案》，都明确要求企业制定完善的内部控制制度并配合强有力的政策来激励员工积极地进行检举揭发。许多研究表明，组织所制定的这些政策或者行为准则并没有达到预期的效果，即这些政策的存在不足以促进员工举报行为的发生（Barnett et al.，1996；Berry，2004；Dworkin，2007；Dworkin and Brown，2013；Dyck et al.，2010；Erwin，2011；Somers，2001）。针对以上现象，一种可能的解释就是管理层的行为正直性较低或不明朗，导致员工并不信任这些政策和制度，这些政策和制度在员工眼中"形同虚设"，强烈怀疑这些政策或制度的可信度。

作者援引管理学中的经典概念之一行为正直性（Behavioral Integrity）来解释和探讨以上的问题。Simons（2002）将行为正直性（BI）定义为"行为者言行一致的感知模式"，在企业舞弊举报的情境下具体指企业是否按照指定的政策来鼓励员工针对舞弊行为进行举报并大力保护举报人。作者通过采用行为实验的方法发现，管理层的行为正直性确实能够积极地影响员工对于舞弊举报方面的组织文化的感知，正向影响普通员工在发现舞弊行为时的举报意愿；另外，管理层的行为正直性具有调节作用。具体来说，当管理层的行为正直性较高（低）时，如果举报渠道是由内部管理的，那么举报的可能性要明显比由外部管理时高（低）；针对举报渠道和行为正直性对举报意愿的共同影响所进行的补充分析证明了匿名性认知的中介作用。另外，如果行为正直性较高（低），当有旁观者知晓潜在举报人了解舞弊行为时，相对旁观者不知晓的情况，潜在举报人对舞弊行为进行举报的可能性较大（较小）。中介调节分析表明，评价顾虑以中介旁观者知晓和行为正直性对举报意愿产生影响。

研究结果的启示包括学术和实务等方面：第一，在传统会计舞弊研究中引入交叉学科理论，检验了组织行为正直性对于员工（尤其是"势单力薄"的普通员工）进行舞弊举报意愿的影响，为以后研究提供了一定依据；第二，作者使用了中介调节作用模型（Moderated Mediation Model）分析复杂的个人决策行为；第三，行为正直性的显著作用能够提醒企业在构建组织环境和文化时言行一致、知行合一的重要性，即只有保持高度的行为正直性才能提高员工的忠诚度、信任度，并鼓励其亲组织行为。

68

◗ 第 5 章 ◖

# 结论和启示

## 5.1 ——————————— 引 言 ———————————

本章总结了本书的主要研究发现、结论和启示。第二部分回顾了研究问题，总结主要的研究结论；第三部分讨论了本书的实践启示；第四部分说明了本研究的局限性和未来研究方向。

## 5.2 ——————— 研究问题和研究结论 ———————

本书主要研究了如何鼓励企业内部普通员工举报舞弊行为的问题，了解哪些因素会影响普通员工成为"吹哨人"。具体来说，作者试图进一步归纳总结影响员工举报舞弊行为的理论模型，并研究相关因素对其行为的影响机制。研究问题如下：

### 5.2.1 影响员工举报行为的理论模型（Theoretical Model）

作者改进和扩展了 Schultz et al.（1993）提出的模型和 Reidenbach and Robin（1990）的多维度模型，尝试构建了一个较为全面的模型，其主要目的是解释有哪些因素会影响个人对于舞弊行为的举报意愿。根据本模型，影响因素包括三个方面，即事件与环境（Task and Environment）、伦理道德（Ethics）和认知（Perception）。其中，伦理道德因素又包含三个维度，即道德公平维度、相对共识维度和契约论维度，这三个维度与个人的举报意愿正向相关。认知（Perception）主要包括 Schultz et al.（1993）模型中的三个方面，即个人责任感认知（Perceived Responsibility）、对舞弊行为严重性认知（Perceived Seriousness）和对个人代价认知（Perceived Personal Cost）。其中，个人责任感认知和对舞弊行为严重性认知能够正面影响员工的举报意愿；对个人代价认知则会负面影响员工的举报意愿。

### 5.2.2 举报渠道（Reporting Channel）如何影响员工举报舞弊行为

针对企业的举报渠道的管理，相关法律和政策并没有做出详细规定。理论上认为由第三方管理的举报渠道可能会对匿名举报提供更好的程序保障，并避免不当行为的发生（ACFE，2005；The Network，2006）。因此，与内部管理的举报渠道相比，由独立第三方管理的举报渠道应明显地激发员工的"吹哨人"行为。然而，以往与举报渠道管理相关的证据却得出了不同的结论。例如，Kaplan et al.（2009）的一项研究就意外地发现，与外部管理相比，由内部管理举报渠道时，员工的举报意愿会更强，但 Gao et al.（2015）却得出了相反的结论。

作者通过两组行为实验分别检验了举报渠道的管理对于普通员工举报舞弊行为的影响。具体来说，首先，当举报渠道由第三方进行外部管理而不是内部管理时，员工的举报意愿更高。这符合人们的预期，即由第三方管理的举报渠道可以提供更强的匿名程序保障，并避免了打击报复的发生（ACFE，2005）。其次，组织的行为正直性会通过上述举报渠道管理对员工的影响起到调节作用，即当组织的行为正直性较低时，如果举报渠道是由外部管理的，那么举报意愿要比由内部管理时高；相反，当行为正直性较高时，外部管理的举报渠道相对于内部管理的举报渠道就没有那么明显的优势了，而且举报渠道管理是通过影响员工对于匿名性的认知而进一步影响其举报意愿的。

### 5.2.3　旁观者效应（Bystander Effect）如何影响员工举报舞弊行为

Latané 和 Darley（1968）对旁观者效应进行了求证，认为有其他人在场会抑制一个人的举报意愿。旁观者效应的存在主要通过三条作用路径体现，即社会影响程度、责任分散和评价顾虑。针对前两种作用机制的讨论比较充分，但很少有研究涉及第三种作用机制。评价顾虑指的是潜在举报人会考虑旁观者对其行为的期望和对其行为（即是否会举报所见到的舞弊行为）所做出的评价。

作者在两组行为实验中分别检验了旁观者效应的两个不同方面，希望获得更为全面的经验证据。在行为实验 1 中，实验操纵了是否存在旁观者，结果表明，与单个人目击舞弊行为相比，在有多个目击者在场时，每一独立个人都不太可能进行举报，因为根据责任分散效应，单个人的责任认知会减小；在行为实验 2 中，在旁观者一直存在的前提下，操纵了旁观者知晓的程度以此了解举报人评价顾虑的高低，即在旁观者知晓的情况下举报人的评价顾虑大，而在旁观者不知晓的情况下举报人的评价顾虑小，结果表明组织的行为正直性会调节旁观者知晓程度对举报意愿的影响。具体来说，行为正直性会让员工感知公司在举报行为方面的企业文化，所以较高（较低）的行为正直性向员工表明了应当（不应当）进行举报。尤为重要的是，当有旁观者知道潜在举报者对舞弊行为情况了解时，潜在举报人出于评价顾虑会按旁观者的期望去行事。因此，就行为正直性对旁观者知晓与举报意愿之间关系的调节作用，本书假设当行为正直性较低（较高）时，旁观者知道潜在举报者对舞弊行为了解时，相比不知道的情况，潜在举报者的举报意愿较低（较高）。中介调节分析结果支持了以上假设。

### 5.2.4　权力差距（Power Distance）如何影响员工举报舞弊行为

权力差距指的是舞弊者与举报人之间的权力差别。如果舞弊者的权力地位很高，与举报人的权力地位差距明显，则举报人的举报意愿会明显降低。早期已有研究表明，权力地位较高的人更有可能对举报者实施报复（Cortina and Magley，2003；Lee et al.，2004；Rehg et al.，2008）。考虑到有可能会遭到报复，当高层员工做出舞弊行为时，普通员工对其进行举报的意愿预期会更低。本书为权力差距和个人"吹哨人"行为之间的关系提供了进一步的实验证据。

行为实验的结果证明，与舞弊者同样是普通员工相比，当舞弊者是主管时普通员工的举报意愿会明显地降低；然而，这种效应并不会因为企业使用外部管理的举报渠道而显著降低。另外，路径分析的结果表明，权力差距是通过影响举报人对于个人代价的认知而影响员工的举报意愿的。

### 5.2.5 行为正直性（Behavioral Integrity）如何影响员工举报舞弊行为

根据Simons（2002）的理论，"行为正直性（BI）是对行为者言行一致的行为模式的认知，它既包括对所信奉的价值观与所施行的价值观之间是否契合的感知，也包括对能否坚守承诺的感知"。在当前情境下，组织的道德准则（例如，明确规定反报复条例、保证保护举报人的匿名性）可被视为管理层的"言"，管理层在实际操作中如何对待举报行为和举报人是管理层的"行"。行为正直性已在理论上（Simons，2002）和经验上（Simons et al.，2007）被确立为组织研究中的重要焦点。有研究发现，它会影响组织认同感、组织公民行为、组织犬儒主义、对规章制度错误的谈论、任务绩效、信任度及工作投入度等。然而，在已发表的研究中都没有对行为正直性在会计工作中的作用进行检测。

在行为实验（2）中，作者检验了行为正直性对于员工举报意愿的影响，另外还检测了行为正直性对两个环境因素（举报渠道管理和旁观者知晓）的调节作用。组织的行为正直性能够显著正向地影响员工的举报行为，进一步的调节效应结果证明：在行为正直性较低时，如果举报渠道是由外部管理的，那么举报意愿要比由内部管理时高；当行为正直性较高时，外部管理的举报渠道相对于内部管理的举报渠道就没有那么明显的优势；当行为正直性较低（较高）时，若旁观者知晓潜在举报者了解舞弊行为情况，相比不知晓的情况下，潜在举报者的举报意愿较低（较高）。

## 5.3 ——————— 研究结果启示 ———————

本书的研究样本为 529 名美国年轻人，他山之石，可以攻玉，研究结论不仅丰富了舞弊行为举报、旁观者效应、举报渠道管理、权力差距、行为正直性以及公司治理的文献，也可以给学术界、监管机构、公司管理层带来一定的启示。

第一，给学术界带来的启示。学术界应该全面、系统、深入地研究员工的"吹哨人"行为，检验影响其发现舞弊行为并及时举报的因素，以及这些因素的交互影响作用。具体来说，组织的行为正直性在舞弊举报方面能够起到重要作用，强化了背景变量和组织变量的影响力。此外，行为正直性可能会影响对于涉及共谋的不当行为的研究，例如，员工可能会串通起来尽量减少工作量或实施舞弊。

第二，给监管机构带来的启示。本书的研究结论主要说明目前的监管准则仍然存在细致程度不够的情况，主要表现在准则的制定当中没有涉及举报渠道的管理方式，也没有关于组织执行相关制度的要求。监管机构可以考虑补充现行的制度规定，对于举报渠道、举报人保护、举报处理都给出相对细致的规范和指引。

第三，给公司管理层带来的启示。本书的研究结论对于管理实践有很强的指导意义。具体来说，本研究结果与 Kaplan et al.（2009）的研究结果一起构成了一个有趣的窘境，即尽管研究结果表明外部管理的举报渠道可能会促进员工的举报行为，但高层管理者可能更喜欢内部管理的举报渠道，以维护公司的声誉。针对此现象，公司管理层应该思考的就是公司在实践中如何平衡侦查舞弊行为的需要和保护公司声誉的重要性；另外，管理层对待举报行为和举报人的方式必须符合该组织的道德守则中所描述的制度和规则，管理层只提供反报复规定而不具有相应的行为正直性，会使个人的举报意愿显著降低，组织的行为正直性会进一步与企业的举报渠道管理产生交互影响。

5.4 ———————— **局限性和未来研究方向** ————————

本书的研究以及研究成果存在一定的局限性，读者在阅读时应该注意：

行为实验1中存在的局限性体现在以下四个方面：第一，作者没有直接衡量这些概念（责任扩散、评价顾虑、报复威胁和匿名性），而是通过询问实验参与者的感受和认知进行评估，由于缺乏直观的证据以致无法直接评估举报意愿形成的实际过程。第二，在行为实验1的两个案例中，针对旁观者效应的操控上，潜在举报者在观察舞弊行为时的匿名性是不同的。因此，在这个方面匿名性和旁观者效应产生的影响似乎并不清晰。第三，要测量的因变量是员工的举报意愿，即他们是否愿意成为"吹哨人"，而不是在行动上实际就是"吹哨人"。尽管意愿和行为是高度相关的，但是仍然不能得出绝对的结论。第四，参与者都是美国在读商科学生，尽管因为文化差异，大多数学生具有一定的工作实习经验，其行为能够在一定程度上代表企业内部普通员工，但是该研究结果能否推广到其他群体还存在一定的不确定性。

行为实验2中存在的局限性体现在以下三个方面：第一，与行为实验1类似，本实验研究所依赖的衡量标准是举报意愿，其并不总是能够预测实际行为。通过给出一个实验设定并要求参与者对假设的事件做出反应，与在实际工作环境中举报一个舞弊行为有所不同。第二，参与者是具有一定工作经验的商科学生，研究结果是否可以推广到其他人群或环境中还不得而知，这可以在未来的研究中进行调查。第三，这项研究中没有包括举报可能会获得的奖励。虽然《萨班斯－奥克斯利法案》中的举报人条款严格地侧重于为举报人提供保护（反报复保护），但最近的《多德－弗兰克法案》中引入了对于举报违规行为的财务性激励（奖励性激励）。当举报人获得经济奖励时，他的身份可能会暴露，遭到报复的可能性会更高，因此关于举报的这种新的背景值得以后做进一步的研究。

未来可能的研究方向包括以下四个方面：第一，访谈真正的"吹哨人"。配合行为实验的方法，针对有举报舞弊经验的职员采用访谈的方式，探究其举报的真实决策过程以及影响其决策的相关环境因素，以真实举报人作为访谈研究的对象能够有效地解决目前研究关注举报意愿而非举报行为的局限。第二，细化举报渠道的管理。在考察内部举报渠道和外部举报渠道的差别的同时，调查外部举报渠道的其他组成要素如何分别影响普通员工的举报意愿，组成因素包括信息的高度保密性、经培训专业人员的使用情况，以及其事后调查程序的有效性，这些都被认为对举报意愿有积极的影响。例如，员工对外部举报机构雇用的专业人员的素质的看法，以及他们对举报后调查程序质量的评价，还有他们对于举报保密性的信任程度。第三，检验多种新媒体环境下的举报渠道媒介。例如，Trevino et al.（1999）检验了外包出去的电话热线的作用，未来的研究可以调查新媒体环境下的多种举报媒介——电话、电子邮件、网络、微博、微信等——是否会影响举报意愿。中介调节检验的结果也表明，并非理论模型中所提出的所有调节变量都是有显著作用的，因此未来的研究可以调查先行要素影响举报意愿的替代过程。第四，进一步深化有关组织行为正直性的研究。组织行为正直性除了影响员工针对舞弊的举报行为以外，也会影响其他组织行为，例如社会责任承担和绩效改善等。

**参考文献**

［1］丁建臣，孙晓杰，庞小凤．试论我国证券监管理论面临的现实挑战［J］．技术经济与管理研究，2016（1）：78-82.

［2］和鸿鹏，王聪，李真真．美国科研不端举报人保护制度研究［J］．中国科学基金，2015（4）：270-276.

［3］林庆云．日本上市公司会计舞弊的特征［J］．审计与经济研究，2011（3）：61-66.

［4］刘抒雅，雷陈珊．旁观者效应的心理机制研究［J］．福建论坛：人文社会科学版，2012（专刊）：125-127.

［5］江涛，李静．简评美国保护举报人的法律制度［J］．中国检察官，2011（4）：76-78.

［6］史安斌，黄子懿．吹哨人的困境与调查新闻的式微［J］．青年记者，2018（22）：80-82.

［7］王念新，侯洁，葛世伦．从众还是旁观？众筹市场中出资者行为的实证研究［J］．管理工程学报，2016，30（4）：124-134.

［8］原珂，齐亮．"旁观者"现象：旁观者介入公共冲突的过程分析及破解策略［J］．社会主义研究，2015（1）：95-100.

［9］梵瓦勒J，印波，崔雯雅．反腐败与举报人保护立法［J］．人民检察，2017（17）：67-69.

［10］Association of Certified Fraud Examiners（ACFE）. Detecting & deterring fraud using hotlines ［R］. Continuing-education Course （ACFE, Austin, TX）, 2005.

［11］ Association of Certified Fraud Examiners （ACFE）. Report to the Nation on Occupational Fraud and Abuse ［R］. Austin, Texas, 2010, 2012.

［12］ AYERS S, KAPLAN S E. Wrongdoing by consultants: an examination of employees' reporting intentions ［J］. Journal of Business Ethics, 2005 （57）: 121-137.

［13］ BANDURA A.Social learning theory ［M］. Englewood Cliffs, NJ: Prentice Hall, 1977.

［14］ BARNETT T, BASS K, BROWN G.Religiosity, ethical ideology, and intentions to report a peer's wrongdoing ［J］. Journal of Business Ethics, 1996, 15 （11）: 1161-1174.

［15］ BARON R M, KENNY D A.The moderator-mediator variable distinction in social psychological research: conceptual, strategic, and statistical considerations ［J］. Journal of Personality and Social Psychology, 1986, 51 （6）: 1173-1182.

［16］ BEAMAN A L, FRASER S C, DIENER E, et al.The effects of evaluation apprehension and social comparison on emergency helping behavior ［R］. Working Paper, University of Montana, 1973.

［17］ BERRY B.Organizational culture: a framework and strategies for facilitating employee whistleblowing ［J］. Employee Responsibilities and Rights Journal, 2004, 16 （1）: 1-11.

［18］ BICKMAN L.The effect of another bystander's ability to help on bystander intervention in an emergency ［J］. Journal of Experimental Social Psychology, 1971 （7）: 367-379.

［19］ BRABECK M. Ethical characteristics of whistle blowers ［J］. Journal of Research in Personality, 1984, 18 （1）: 41-53.

［20］ BRINK A, JORDAN D, VICTORAVICH L.The effect of evidence strength and internal rewards on intentions to report fraud in the Dodd-Frank regulatory environment ［J］. Auditing: A Journal of Practice & Theory, 2013, 32 （3）: 87-104.

[21] CHIU R K. Ethical judgment and whistleblowing intention: examining the moderating role of locus of control [J]. Journal of Business Ethics, 2003 (43): 65-74.

[22] CHUNG J, MONROE G. Exploring social desirability bias [J]. Journal of Business Ethics, 2003 (44): 291-302.

[23] COHEN J, PANT L, SHARP D. The effect of gender and academic discipline diversity on the ethical evaluations, ethical intentions and ethical orientation of potential public accounting recruits [J]. Accounting Horizons, 1998, 12 (3): 250-270.

[24] COHEN J, PANT L, SHART D. An examination of differences in ethical decision-making between Canadian business students and accounting professionals [J]. Journal of Business Ethics, 2001, 30 (4): 319-336.

[25] COHEN J, HOLDER-WEBB L, SHART D, et al. The effects of perceived fairness on opportunistic behavior [J]. Contemporary Accounting Research, 2007, 24 (4): 1119-1138.

[26] COOPER D, DARCIN T, PALMER D. Fraud in accounting, organizations and society: extending the boundaries of research [J]. Accounting, Organizations and Society, 2013 (38): 440-457.

[27] CORTINA L, MAGLEY V J. Raising voice, risking retaliation: events following interpersonal mistreatment in the workplace [J]. Journal of Occupational Health Psychology, 2003, 8 (4), 247-265.

[28] DAVIS A, ROTHSTEIN H. The effects of perceived behavioral integrity of managers on employee attitudes: a meta-analysis [J]. Journal of Business Ethics, 2006 (67): 407-419.

[29] DAVIS J, PESCH H. Fraud dynamics and controls in organizations [J]. Accounting, Organizations and Society, 2013 (38): 469-483.

[30] DINEEN B R, LEWICKI R, TOMLINSON E. Supervisory guidance and behavioral integrity: relationships with employee citizenship and deviant behavior [J]. Journal of Applied Psychology, 2006 (91): 622-635.

[31] DODD-FRANK ACT of 2010. U.S. House of Representatives. Dodd-

Frank Wall Street Reform and Consumer Protection Act of 2010 [S]. Washington, DC: Government Printing Office, 2010.

[32] DOZIER J B, MICELI M P.Potential predictors of whistle-blowing: a prosocial behavior perspective [J]. Academy of Management Review, 1985, 10 (4): 823-836.

[33] Ernst & Young.A survey into fraud risk mitigation in 13 European countries [EB/OL]. [2019-08-10]. http://www.ey.com.

[34] ERWIN P.Corporate codes of conduct: the effects of code content and quality on ethical performance [J]. Journal of Business Ethics, 2011 (99): 535-548.

[35] ETHICS RESOURCE CENTER.National business ethics survey: an inside view of private sector ethics [S]. Arlington, VA: Ethics Resource Center, 2007.

[36] FISCHER P, GREITEMEYER T, POLLOZEK F, et al. The unresponsive bystander: are bystanders more responsive in dangerous emergencies? [J]. European Journal of Social Psychology, 2006 (36): 267-278.

[37] FREE C.Walking the talk? Supply chain accounting and trust among UK supermarkets [J]. Accounting, Organizations and Society, 2008 (33): 629-662.

[38] GABBIONETA C, GREENWOOD R, MAZZOLA P, et al. The influence of the institutional context on corporate illegality [J]. Accounting, Organizations and Society, 2013 (38): 484-504.

[39] GAO J, GREENBERG R, WONG-ON-WING B.Whistleblowing intentions of lower-level employees: the effect of reporting channel, bystanders and wrongdoer power status [J]. Journal of Business Ethics, 2015 (126): 85-99.

[40] GRAHAM J W.Principled organizational dissent: a theoretical essay [J]. Research in Organizational Behavior, 1986: 1-52.

[41] HARARI H, HARARI O, WHITE R. The reaction to rape by

American male bystanders [J]. The Journal of Social Psychology, 1985, 125 (5): 653-661.

[42] HAYES A F.Model templates for PROCESS for SPSS and SAS [EB/OL]. [2019-08-10]. http://www.afhayes.com/.

[43] KANNAN-NARASIMHAN R, LAWRENCE B.Behavioral integrity: how leader referents and trust matter to workplace outcomes [J]. Journal of Business Ethics, 2012 (111): 165-178.

[44] KAPLAN S E, WHITECOTTON S M.An examination of auditors' reporting intentions when another auditor is offered client employment [J]. Auditing: A Journal of Practice & Theory, 2001 (Spring): 45-64.

[45] KAPLAN S E, PANY K, SAMUELS J, et al.An examination of the effects of procedural safeguards on intentions to anonymously report fraud [J]. Accounting Horizons, 2009, 28 (2): 273-288.

[46] KAPLAN S E, PANY K, SAMUELS J, et al.An examination of anonymous and non-anonymous fraud reporting channels [J]. Advances in Accounting, 2012, 28 (1): 88-95.

[47] KAPLAN S E, SCHULTZ J J.Intentions to report questionable acts: an examination of the influence of anonymous reporting channel, internal audit quality, and setting [J]. Journal of Business Ethics, 2007 (71): 109-124.

[48] KAPTEIN M. From inaction to external whistleblowing: the influence of the ethical culture of organizations on employee responses to observed wrongdoing [J]. Journal of Business Ethics, 2011 (98): 513-530.

[49] KEENAN J P.Whistleblowing and the first-level manager: determinants of feeling obliged to blow the whistle [J]. Journal of Social Behavior and Personality, 1995, 10 (3): 571-584.

[50] KING G.The implications of an organization's structure on whistleblowing [J]. Journal of Business Ethics, 1999 (20): 315-326.

[51] LATANE D, DARLEY J M.Bystander intervention in emergencies: diffusion of responsibility [J]. Journal of Personality and Social Psychology, 1968, 8 (4): 377-383.

［52］LATANE D，DARLEY J M.The unresponsive bystander：why doesn't he help me？［M］．NY：Appleton-Century-Crofts，1970.

［53］LEE J Y，HEILMANN S G，NEAR J P.Blowing the whistle on sexual harassment：test of a model of predictors and outcomes［J］．Human Relations，2004，57（3）：297-322.

［54］LEWIS D，KENDER M.A survey of whistleblowing/ confidential reporting procedures in the top 250 FTSE firms［M］．London：SAI Global，2010.

［55］LEROY H，DIERYNCK B，ANSEEL F，et al.Behavioral integrity for safety，priority of safety，psychological safety，and patient safety：a team-level study［J］．Journal of Applied Psychology，2012a，97（6）：1273-1281.

［56］LEROY H，PALANSKI M E，SIMONS T.Authentic leadership and behavioral integrity as drivers of follower commitment and performance［J］．Journal of Business Ethics，2012b（107）：255-264.

［57］MANNING R，LEVINE M，COLLINS A.The kitty genovese murder and the social psychology of helping：the parable of the 38 witnesses［J］．American Psychologist，2007，62（6）：555-562.

［58］MESMER-MAGNUS J，VISWESVARAN C.Whistleblowing in organizations：an examination of correlates of whistleblowing intentions，actions and retaliation［J］．Journal of Business Ethics，2005（62）：277-297.

［59］MICELI M P，NEAR J P.The relationships among beliefs，organizational position，and whistle-blowing status：a discriminant analysis［J］．Academy of Management Journal，1984，27（4）：687-705.

［60］MICELI M P，NEAR J P，SCHWENK C R.Who blows the whistle and why?［J］．Industrial and Labor Relations Review，1991，45（1）：113-130.

［61］MICELI M P，NEAR J P，DWORKIN T M.Whistle-blowing in organizations［M］．Mew York：Taylor & Francis Group，LLC，2008.

[62] MOBERLY R E.Sarbanes-Oxley's structural model to encourage corporate whistleblowers [J]. Brigham Young University Law Review, 2006 (5): 1107-1180.

[63] NEAR J P, MICELI M P.Organizational dissidence: the case of whistle-blowing [J]. Journal of Business Ethics, 1985 (4): 1-16.

[64] NEAR J P, MICELI M P.Effective whistle-blowing [J]. Academy of Management Review, 1995 (20): 678-708.

[65] NEAR J P, MICELI M P.Whistle-blowing: myth and reality [J]. Journal of Management, 1996, 22 (3): 507-525.

[66] PALANSKI M, CULLEN K L, GENTRY W, et al. Virtuous leadership: exploring the effects of leader courage and behavioral integrity on leader performance and image [J]. Journal of Business Ethics, 2015 (132): 297-310.

[67] PALANSKI M, YAMMARINO F J.Impact of behavioral integrity on follower job performance: a three-study examination [J]. The Leadership Quarterly, 2011 (22): 765-786.

[68] PALANSKI M, KAHAI S, YAMMARINO F J.Team virtues and performance: an examination of transparency, behavioral integrity and trust [J]. Journal of Business Ethics, 2011 (99): 201-216.

[69] PILIAVIN J A, PILIAVIN I M.Effect of blood on reactions to a victim [J]. Journal of Personality and Social Psychology, 1972 (23): 353-361.

[70] PREACHER K J, HAYES A F. SPSS and SAS procedures for estimating indirect effects in simple mediation models [J]. Behavior Research Methods, Instruments, and Computers, 2004 (36): 717-731.

[71] PREACHER K J, HAYES A F. Asymptotic and resampling strategies for assessing and comparing indirect effects in multiple mediator models [J]. Behavior Research Methods, 2008 (40): 879-891.

[72] PREACHER K J, RUCKER D, HAYES A F. Addressing moderated mediation hypotheses: theory, methods, and prescriptions [J].

参考文献

Multivariate Behavioral Research, 2007, 42 (1): 185-227.

[73] PricewaterhouseCoopers. The emerging role of internal audit in mitigating fraud and reputation risks [R]. 2004.

[74] RAVISHANKAR L. Encouraging internal whistleblowing in organizations [EB/OL]. [2003-02-04]. https://www.scu.edu/ethics/focus-areas/business-ethics/resources/encouraging-internal-whistleblowing.

[75] READ W J, RAMA D V. Whistle-blowing to internal auditors [J]. Managerial Auditing Journal, 2003 (18): 354-362.

[76] REHG M T, NEAR J P, MICELI M P, et al. Antecedents and outcomes of retaliation against whistleblowers: gender difference and power relationships [J]. Organization Science, 2008, 19 (2): 221-240.

[77] REIDENBACH R, ROBIN D. Toward the development of a multidimensional scale for improving evaluations of business ethics [J]. Journal of Business Ethics, 1990 (9): 639-665.

[78] ROBINSON S N, ROBERTSON J C, CURTIS M B. The effects of contextual and wrongdoing attributes on organizational employees' whistleblowing intentions following fraud [J]. Journal of Business Ethics, 2012 (106): 213-227.

[79] SARBANES-OXLEY ACT of 2002.

[80] SCHWARTZ S H, GOTTLIEB A. Bystander reactions to a violent theft: crime in Jerusalem [J]. Journal of Personality and Social Psychology, 1976, 34 (6): 1188-1199.

[81] SCHWARTZ S H, GOTTLIEB A. Bystander anonymity and reactions to emergencies [J]. Journal of Personality and Social Psychology, 1980, 39 (3): 418-430.

[82] SEIFERT D L, STAMMERJOHAN W W. Moral identity as a moderator of perceived whistle blowing under threat of retaliation, no protection, and no reward [J]. Research on Professional Responsibility and Ethics in Accounting, 2008 (13): 41-46.

[83] SEIFERT D L, SWEENEY J T, JOIREMAN J, et al. The

influence of organizational justice on accountant whistleblowing [J]. Accounting, Organization and Society, 2010 (35): 707-717.

[84] SHAFER W E. Ethical climate in Chinese CPA firms [J]. Accounting, Organizations and Society, 2008 (33): 825-835.

[85] SIMONS T. Behavioral integrity: the perceived alignment between managers' words and deeds as a research focus [J]. Organization Science, 2002 (13): 18-35.

[86] SIMONS T, FRIEDMAN R, LIU L, et al. Racial differences in sensitivity to behavioral integrity: attitudinal consequences, in-group effects, and "trickle down" among black and non-black employees [J]. Journal of Applied Psychology, 2007 (92): 650-665.

[87] SIMONS T, LEROY H, COLLEWAERT V, et al. How leader alignment of words and deeds affects followers: a meta-analysis of behavioral integrity research [J]. Journal of Business Ethics, 2015 (132): 831-844.

[88] SIMONS T, MCLEAN PARKS J. The sequential impact of behavioral integrity on trust, commitment, discretionary service behavior, customer satisfaction, and profitability [R]. Working Paper, 2000.

[89] SIMS R L, KEENAN J P. Predictors of external whistleblowing: organizational and intrapersonal variables [J]. Journal of Business Ethics, 1998 (17): 411-421.

[90] SLOVIN D. Blowing the whistle [J]. The Internal Auditor, 2006 (6): 45-49.

[91] SOMERS M J. Ethical codes of conduct and organizational context: a study of the relationship between codes of conduct, employee behavior and organizational values [J]. Journal of Business Ethics, 2001 (30): 185-195.

[92] TAYLOR E, CURTIS M. Whistleblowing in audit firms: organizational response and power distance [J]. Behavioral Research in Accounting, 2013, 25 (2): 21-43.

[93] THE NETWORK. Corporate governance and compliance hotline benchmarking report [R]. Norcross, GA: The Network, 2006.

参考文献

［94］ TREVINO L K, WEAVER G R, GIBSON D G, et al. Managing ethics and legal compliance: what works and what hurts ［J］. California Management Review, 1999, 41 (2).

［95］ VANDEKERCKHOVE W, LEWIS D. The content of whistleblowing procedures: a critical review of recent official guidelines ［J］. Journal of Business Ethics, 2012 (108): 253-264.

［96］ VOGELGESANG G, LEROY H, AVOLIO B. How leader transparency impacts follower engagement: the mediating effects of behavioral integrity and participation in decision making ［J］. The Leadership Quarterly, 2013 (24): 405-413.

［97］ ZHANG J, CHIU R, WEI L. Decision-making process of internal whistleblowing behavior in China: empirical evidence and implications ［J］. Journal of Business Ethics, 2009 (88): 25-41.

［98］ ZHANG J, PANY K, RECKERS P. Under which conditions are whistleblowing "best practices" best? ［J］. Auditing: A Journal of Practice & Theory, 2013, 32 (3): 171-181.

# 行为实验材料

### 前言

感谢您参与本次研究，非常感谢您付出时间并给予关注。

这项研究是为了解人们在商业或职业困境中的判断，没有正确或错误的答案。这项研究是完全匿名的，因此请不要在材料的任何地方透露您的姓名或任何其他可以识别您身份的信息。您的回答是严格保密的，只会用于学术研究的目的。

### 公司背景

**High Energy Corporation**（以下简称 HEC）是一家总部位于得克萨斯州休斯敦的综合性能源公司，主要从事原油和天然气的勘探、生产和运输，以及运输燃料和润滑油的分销。由于最近一波又一波的欺诈丑闻和许多美国公司治理的失败，HEC 强调了其最新商业行为准则的重要性，以下是摘录：

❧❧❧❧❧❧❧❧❧❧❧❧❧❧❧❧❧❧❧❧❧❧❧❧❧❧❧❧❧❧❧❧

　　每个业务国家都有自己的法律、法规和风俗习惯，然而，无论我们在哪里工作，我们都有责任尊重当地的所有适用法律，并遵守我们公司的道德政策。

　　如果有任何理由怀疑 HEC 公司及其附属公司的任何人违反了公司政策或当地法律，或者任何可能损害我们声誉的活动，HEC 的每个人都必须立即发声。

　　我们每个人都可以使用的一个资源是检举热线，该热线由位于纽约的独立代理机构合规专家在场外运营。您可以每周七天、每天二十四小时致电行政长官热线，或向热线提交报告。电话号码是 1-866-热线。

　　【我们每个人都可以使用的一个资源是检举热线，该热线由我们的内部审计部门运营。您可以每周七天、每天二十四小时致电行政长官热线，或向热线提交报告，电话号码是 281-热线】

　　针对这样的举报行为，HEC 不能容忍任何形式的打击报复。

❧❧❧❧❧❧❧❧❧❧❧❧❧❧❧❧❧❧❧❧❧❧❧❧❧❧❧❧❧❧❧❧

　　接下来的几页描述了 HEC 员工可能面临的情况。这两起案件无关，因此请分别考虑每一种情况，并说明您认为员工在每种情况下可能会做什么。

## 案例

　　**案例 A：** Chris Long 一个月前开始在 HEC 的应付账款部门工作。他在一间大办公室里有自己的小隔间，与其他 15 名员工共用。一个星期五的深夜，当 Chris 正在做一些工作时，他听到有人进来了。他还没起来看是谁，就听到有人在打电话，根据声音确定是 John Simon，他在 Chris 外面的隔间工作。**John Simon 是 Chris 所在部门的主管。【和 Chris 一样，John Simon 也是一名普通员工】**

　　由于办公室里很安静，Chris 无意中听到了 John 的谈话。Chris 听到 John 说："别担心。没有人会意识到我们不是真正的供应商，也没有人会知道 HEC 支付的价格太高，只要开个发票给我就行了，我会批准付款的。"电话很快就结束了，Chris听到John收拾东西离开了办公室。

作为一名新员工，Chris不知道该怎么做。在他的培训过程中，他听过类似的舞弊案例，即有人设立虚假供应商来欺骗公司，首先从真正的供应商那里购买公司所需的产品，然后以更高的价格转售给他们的公司。

【Chris想了想他刚才听到的。过了一会儿，他决定回家。在他离开时，他惊讶地发现另外两名员工——Natalie和Alex——也在各自的隔间里工作到很晚。Chris听到Natalie问Alex："你听到了吗？你能相信吗？"Chris非常确信Natalie和Alex都听到了John的电话】

1.根据上面描述的场景，您认为Chris会不会拨打热线举报潜在的舞弊行为？概率是多少？

0%　10%　20%　30%　40%　50%　60%　70%　80%　90%　100%

2.Chris知道他可以向当地新闻媒体匿名报告潜在的不法行为。您认为他会不会打电话给当地的新闻媒体而不是使用热线来举报潜在的舞弊行为？概率是多少？

0%　10%　20%　30%　40%　50%　60%　70%　80%　90%　100%

3.请说明您在多大程度上同意下列每项陈述：

a.我认为Chris可能会认为John的行为是完全不可接受的。

完全不同意 1——2——3——4——5——6——7 完全同意

b.我认为Chris很可能会非常担心，如果他举报了这个舞弊行为，John可能会发现并试图伤害他。

完全不同意 1——2——3——4——5——6——7 完全同意

c.我认为Chris可能会指望其他人来举报这个舞弊行为。

完全不同意 1——2——3——4——5——6——7 完全同意

**案例B：** Dustin Smith是HEC采购部的一名员工。一天的午餐时间，他去部门的打印室拿他的打印材料。在那里他发现打印出来的东西上面有一张纸。一眼就能看出，这是一封Robert Hinson与HEC供应商的电子邮件往来信件。Robert Hinson是Dustin所在部门的经理。【和Dustin一样，Robert Hinson也是一名普通员工】

在电子邮件中，Robert Hinson邀请供应商投标购买大量办公用品。为了有资格投标，供应商被要求支付一笔费用，Robert Hinson指示供应商直接把钱存入他在银行的个人账户。

Dustin非常惊讶，因为他在上个月的培训中得知HEC不允许收取业务往来公司的不恰当费用。**他把Robert Hinson的电子邮件放在打印机旁的桌子上，并走了出去。【正在这时，Linda和Jeffery走进打印室。当Dustin走出去时，他注意到Linda在等待Jeffery完成复印的同时，阅读了刚刚打印出来的那封电子邮件】**

Dustin离开打印室时，Robert Hinson走进来拿他打印出来的东西。

1.根据上面描述的场景，您认为Dustin会不会拨打热线举报潜在的舞弊行为？概率是多少？

0%　10%　20%　30%　40%　50%　60%　70%　80%　90%　100%

2.Dustin知道他可以向当地新闻媒体匿名报告潜在的不法行为。您认为他会不会打电话给当地的新闻媒体而非使用热线来举报潜在的舞弊行为？概率是多少？

0%　10%　20%　30%　40%　50%　60%　70%　80%　90%　100%

3.请说明您在多大程度上同意下列每项陈述：

a.我认为Dustin可能会认为Robert的行为是完全不可接受的。

完全不同意 1——2——3——4——5——6——7 完全同意

b.我认为Dustin很可能会非常担心，如果他举报了这个舞弊行为，Robert可能会发现并试图伤害他。

完全不同意 1——2——3——4——5——6——7 完全同意

c.我认为Dustin可能会指望其他人来举报这个舞弊行为。

完全不同意 1——2——3——4——5——6——7 完全同意

**请根据您的印象来回答下列有关HEC公司的问题：**

1.根据《商业行为准则》及《操守守则》，下列哪一项适用于HEC员工举报可疑行为？

a.HEC内部审计部门负责管理的举报热线

b.由独立第三方公司负责管理的举报热线

c.当地的媒体

2.假设您是HEC的一名员工，如果您报告了可疑行为或不法行为，对于上述每一个选项（内部热线、外部热线、当地新闻媒体），您对自己的匿名性将得到保证的信心有多大。

a.内部热线

没有丝毫信心 1——2——3——4——5——6——7 非常有信心

b.第三方热线

没有丝毫信心 1——2——3——4——5——6——7 非常有信心

c.当地媒体

没有丝毫信心 1——2——3——4——5——6——7 非常有信心

**请根据案例A回答以下问题：**

1.在案例A中，舞弊行为人 John Simon 是_____。

a.主管

b.普通员工

2.在案例A中，Chris 是唯一听到 John 打电话的人。

a.对

b.错

3.在案例A中，John 的电话是其舞弊行为的有力证据。

完全不同意 1——2——3——4——5——6——7 完全同意

**请根据案例B回答以下问题：**

1.在案例B中，舞弊行为人 Robert Hinson 是_____。

a.主管

b.普通员工

2.在案例B中，Dustin 是唯一看到 Robert 邮件的人。

a.对

b.错

3.在案例B中，Robert 的邮件是其舞弊行为的有力证据。

完全不同意 1——2——3——4——5——6——7 完全同意

**个人信息**

1.您的性别

2.您的年龄

3.最近的工作经历

4.所有工作经历_____年

5.出生国家

# 附录2────────── 行为实验2 ──────────

## 前言

感谢您参与本次研究，非常感谢您付出时间并给予关注。

这项研究是为了了解人们在商业或职业困境中的判断，没有正确或错误的答案。这项研究是完全匿名的，因此请不要在材料的任何地方透露您的姓名或任何其他可以识别您身份的信息。您的回答是严格保密的，只会用于学术研究的目的。

## 公司背景

High Energy Corporation（以下简称HEC）是一家总部位于得克萨斯州休斯敦的综合性能源公司，主要从事原油和天然气的勘探、生产和运输，以及运输燃料和润滑油的分销。由于最近一波又一波的欺诈丑闻和许多美国公司治理的失败，HEC强调了其最新商业行为准则的重要性，以下是摘录：

　　每个业务国家都有自己的法律、法规和风俗习惯，然而，无论我们在哪里工作，我们都有责任尊重当地的所有适用法律，并遵守我们公司的道德政策。

　　如果有任何理由怀疑HEC公司及其附属公司的任何人违反了公司政策或当地法律，或者任何可能损害我们声誉的活动，HEC的每个人都必须立即发声。

　　我们每个人都可以使用的一个资源是检举热线，该热线由位于纽约的独立代理机构合规专家在场外运营。您可以每周七天、每天二十四小时致电行政长官热线，或向热线提交报告。电话号码是1-866-热线。

### 如何鼓励员工成为"吹哨人"

【我们每个人都可以使用的一个资源是检举热线，该热线由我们的内部审计部门运营。您可以每周七天、每天二十四小时致电行政长官热线，或向热线提交报告，电话号码是281-热线】

针对这样的举报行为，HEC不能容忍任何形式的打击报复。

❧❧❧❧❧❧❧❧❧❧❧❧❧❧❧❧❧❧❧❧❧❧❧❧❧❧❧❧❧❧❧❧❧❧

HEC员工们普遍认为HEC并不总是按照其正式声明的反报复政策行事。几个月前Sarah Herbert举报了预算部门经理Jane Doe的不当行为，这位普通员工因此受到了一系列打击报复。尽管她以努力工作和出色的分析而闻名，但由于"表现不佳"，她被拒绝了绩优加薪的申请。Sarah要求提供所谓的她没有完成工作的例子，但部门拒绝提供任何证据。以下是同部门其他人对她的评价："Sarah并不是一个好的团队成员""Sarah是个大嘴巴""Sarah是在小题大做"。

【HEC员工们普遍认为HEC的行为符合其正式声明的反报复政策。几个月前，一位公司副总裁就一位"神秘"举报者发表了一份声明。一位不愿透露姓名的普通员工举报了预算部门经理Jane Doe的不当行为。HEC及时调查了Doe的事情，并发布了一份官方报告，结果，不当行为得到纠正，Jane Doe最终从HEC辞职。没有人知道最初是谁举报了这种不端行为，但每个人都对这个人的勇敢行为而印象深刻】

接下来的案例中描述了HEC员工可能面临的情况。请认真考虑并说明您认为员工在这种情况下可能会做什么。

### 案例

**案例A：** Chris Long一个月前开始在HEC的应付账款部门工作。他在一间大办公室里有自己的小隔间，与其他15名员工共用。一个星期五的深夜，当Chris正在做一些工作时，他听到有人进来了。他还没起来看是谁，就听到有人在打电话，根据声音确定是John Simon，他在Chris外面的隔间工作。John Simon是Chris所在部门的主管。

由于办公室里很安静，Chris无意中听到了John的谈话。Chris听到John说："别担心。没有人会意识到我们不是真正的供应商，也没有人会知道HEC支付的价格太高，只要开个发票给我就行了，我会批准付款的。"电话很快就结束了，Chris 听到 John 收拾东西离开了办公室。

作为一名新员工，Chris 不知道该怎么做。在他的培训过程中，他听过类似的舞弊案例，即有人设立虚假供应商来欺骗公司，首先从真正的供应商那里购买公司所需的产品，然后以更高的价格转售给他们的公司。

Chris 想了想他刚才听到的。过了一会儿，他决定回家。在他离开时，他惊讶地发现另外两名员工——Natalie 和 Alex——也在各自的隔间里工作到很晚。Chris 听到 Natalie 问 Alex："你听到了吗？你能相信吗？"Chris 非常确信 Natalie 和 Alex 都听到了 John 的电话。**当他从后门离开时，这两位同事与他打招呼并祝他周末愉快，于是 Chris 意识到他的同事也知道他听到了 John 的电话对话。【当他从后门离开时，他非常确信 Natalie 和 Alex 都没有意识到他在那里】**

1.根据上面描述的场景，您认为 Chris 会不会拨打热线举报潜在的舞弊行为？ 概率是多少？

0%　10%　20%　30%　40%　50%　60%　70%　80%　90%　100%

2.Chris 知道他可以向当地新闻媒体匿名报告潜在的舞弊行为。您认为他会不会打电话给当地的新闻媒体而不是使用热线来举报潜在的舞弊行为？ 概率是多少？

0%　10%　20%　30%　40%　50%　60%　70%　80%　90%　100%

3.请说明您在多大程度上同意下列每项陈述：

a.我认为 Chris 可能会认为 John 的行为是完全不可接受的。

完全不同意 1——2——3——4——5——6——7 完全同意

b.我认为 Chris 很可能会非常担心，如果他举报了这个舞弊行为，John 可能会发现并试图伤害他。

完全不同意 1——2——3——4——5——6——7 完全同意

c.我认为 Chris 很可能会非常担心，如果他报告了潜在的不法行为，他的同事（Natalie 和 Alex）会怎么看他。

完全不同意 1——2——3——4——5——6——7 完全同意

d.我认为 Chris 很可能会指望其他人来举报这个舞弊行为。

完全不同意 1——2——3——4——5——6——7 完全同意

e.我认为 Chris 很可能会非常担心，如果他报告了潜在的不当行为，媒体可能会发现，并开始就公司的其他不当行为对管理层提出质疑。

完全不同意 1——2——3——4——5——6——7 完全同意

f.我认为 Chris 很可能会非常担心，如果他报告了潜在的不法行为，媒体可能会向公众报道，公司的声誉将会受损。

完全不同意 1——2——3——4——5——6——7 完全同意

g.我认为 Chris 很可能会非常担心，如果他报告了潜在的不法行为，他的同事（Natalie 和 Alex）可能会发现，并对他做出负面反应。

完全不同意 1——2——3——4——5——6——7 完全同意

h.考虑到 HEC 员工在早期举报案中的经验，几乎所有人都认为 Chris 会报告潜在的不当行为。

完全不同意 1——2——3——4——5——6——7 完全同意

**请根据您的印象来回答下列有关 HEC 公司的问题：**

1.根据《商业行为准则》及《操守守则》，下列哪一项适用于 HEC 员工举报可疑行为？

a.HEC 内部审计部门负责管理的举报热线

b.由独立第三方公司负责管理的举报热线

c.当地的媒体

2.假设您是 HEC 的一名员工，如果您报告了可疑行为或不法行为，您对以下情况的信心有多大。

a.您的匿名性会被确保

没有丝毫信心 1——2——3——4——5——6——7 非常有信心

b.舞弊行为会被调查

没有丝毫信心 1——2——3——4——5——6——7 非常有信心

c.一些相应制止和纠正的措施会被执行

没有丝毫信心 1——2——3——4——5——6——7 非常有信心

**请根据案例 A 回答以下问题：**

1.在案例 A 中，有其他员工知道 Chris 也听到了 John 的电话。

a.对

b.错

2.在案例 A 中，Chris 是唯一听到 John 打电话的人。

a.对

b.错

3.在案例 A 中，John 的电话是其舞弊行为的有力证据。

完全不同意 1——2——3——4——5——6——7 完全同意

4.在案例 A 中，HEC 的企业文化支持并鼓励员工举报舞弊行为。

完全不同意 1——2——3——4——5——6——7 完全同意

5.在案例 A 中，HEC 所声明的政策（即《商业行为准则》）具有很高的可信度。

完全不同意 1——2——3——4——5——6——7 完全同意

**个人信息**

1.您的性别

2.您的年龄

3.最近的工作经历

4.所有工作经历＿＿＿＿年

5.出生国家

# 索引